Farrukh Mukhtarov

Sistemas para garantir a segurança da informação nacional

Farrukh Mukhtarov

Sistemas para garantir a segurança da informação nacional

ScienciaScripts

Imprint
Any brand names and product names mentioned in this book are subject to trademark, brand or patent protection and are trademarks or registered trademarks of their respective holders. The use of brand names, product names, common names, trade names, product descriptions etc. even without a particular marking in this work is in no way to be construed to mean that such names may be regarded as unrestricted in respect of trademark and brand protection legislation and could thus be used by anyone.

Cover image: www.ingimage.com

This book is a translation from the original published under ISBN 978-620-7-46877-5.

Publisher:
Sciencia Scripts
is a trademark of
Dodo Books Indian Ocean Ltd. and OmniScriptum S.R.L publishing group

120 High Road, East Finchley, London, N2 9ED, United Kingdom
Str. Armeneasca 28/1, office 1, Chisinau MD-2012, Republic of Moldova, Europe
Printed at: see last page
ISBN: 978-620-7-94920-5

Conteúdo

A monografia destina-se a especialistas empenhados em garantir a segurança nacional e da informação do Estado, bem como a funcionários das relações diplomáticas.

São considerados os conceitos básicos de garantia da segurança da informação nacional, modelos de garantia do sistema de segurança, classificação das ameaças à informação e caraterísticas das suas consequências, construção do sistema de proteção da informação, peculiaridades da organização da segurança da informação na estratégia das relações interestatais.

O livro é recomendado para investigadores empenhados no estudo das relações internacionais contemporâneas e da política mundial, especialistas no domínio da segurança da informação internacional e nacional, bem como para um vasto leque de leitores interessados nesta questão.

Revisores:

S.F.Ergashev - Doutor em Ciências Técnicas, Professor;

A.M.Rasulov - Doutor em Ciências, Professor;

O.H.Otakulov - Candidato a Ciências Técnicas, Professor Associado.

Os problemas de garantir a segurança da informação nacional da República do Usbequistão, em maior ou menor grau, reflectem-se não só nos estudos e desenvolvimentos teóricos de cientistas nacionais e estrangeiros, mas também em documentos oficiais. Conceitos como: "segurança nacional", "segurança da informação", "organização da informação do Estado" são a base de várias doutrinas e conceitos políticos da maioria das organizações e movimentos públicos e políticos do país. Tornaram-se objeto do processo legislativo e atraem a atenção dos meios de comunicação social.

As autoridades legislativas e executivas da República do Usbequistão, a liderança política do país, os cientistas e os profissionais consideram que a segurança da informação nacional é uma das questões mais urgentes e vitais para o estado atual e as perspectivas de desenvolvimento do Estado, da democracia e das garantias de proteção dos interesses da sociedade e do indivíduo. A reflexão sócio-política destes problemas é largamente determinada pela dinâmica dos processos políticos modernos associados à formação de uma nova ordem mundial, pelos processos objectivos de mudança do papel e do lugar da República do Usbequistão na arena política mundial, tendo como pano de fundo fenómenos de crise na modernização do nosso Estado, incluindo na esfera da informação.

As questões de garantia da segurança da informação nacional, diretamente relacionadas com a reforma da organização da informação do Estado, encontram o seu reflexo prioritário nas declarações políticas de personalidades estatais e públicas de vários níveis, nas orientações conceptuais dos movimentos sociais e das organizações políticas e dos seus dirigentes.

Os académicos e profissionais modernos consideram o conceito de "segurança" a partir de uma variedade de posições. No entanto, a abordagem mais difundida é aquela segundo a qual a segurança é entendida como "o estado de proteção da sociedade e dos seus componentes contra ameaças internas e externas, que é uma propriedade de um sistema social".

Para além do facto de, na maioria das esferas da atividade do Estado, se verificarem mudanças positivas na implementação das reformas, é de salientar que o desenvolvimento da organização da informação do Estado está objetivamente a atravessar um período difícil. Como resultado, a esfera da informação, os seus recursos, incluindo a sua proteção, ficam atrás de outras instituições da sociedade nacional moderna. Esta circunstância afecta negativamente não só a organização da informação do Estado, mas também o estado da segurança da informação do país, a segurança da informação do indivíduo e da sociedade em geral.

O papel mais importante na garantia da segurança da informação nacional do Estado é, sem dúvida, desempenhado pela sua defesa, que é criada pelo Estado através de uma série de medidas e se destina a contrariar ameaças reais e potenciais à segurança nacional provenientes tanto do exterior como do interior do país.

Os países que são, ou aspiram a ser, grandes potências são particularmente importantes para garantir a segurança da informação nacional. Os governos desses Estados compreendem que, sem ter em conta o fator informação, não poderão proteger os seus interesses geopolíticos, bem como influenciar a política externa de outros países, determinar as principais orientações do desenvolvimento político de certas regiões e influenciar a política mundial no seu conjunto. Esta afirmação aplica-se plenamente ao curso da política externa desses Estados influentes, cujos líderes também prestam grande atenção às questões da sua própria segurança nacional da informação e ao desenvolvimento de um sistema abrangente, bem como à sua implementação.

É igualmente necessário ter em conta a necessidade de considerar as principais direcções dessas actividades e de fazer uma avaliação geral da posição e do papel do Uzbequistão moderno na sociedade global da informação, para determinar a relevância do tema desta monografia.

O significado científico desta monografia é condicionado pela necessidade do seu estudo no nosso país, uma vez que o problema da formação da segurança da informação nacional, bem como o desenvolvimento dos métodos mais recentes de implementação desta tarefa, e a sua adaptação às condições em mudança das relações internacionais modernas é hoje a tarefa mais importante para os especialistas no domínio da segurança da informação.

Teshaboev T.Z.,
Reitor do Instituto Financeiro de Tashkent Doutor em Economia, Professor

Uma das direcções importantes para assegurar o desenvolvimento sustentável da humanidade num futuro previsível é dominar os resultados da revolução científica e tecnológica em curso, incluindo os resultados obtidos no domínio da automatização dos processos de obtenção, transmissão, armazenamento e divulgação de informações, formação do espaço global de informação. A aplicação das modernas tecnologias da informação e da comunicação e do equipamento informático nas esferas socioeconómica, política e espiritual da sociedade e no cumprimento das tarefas da administração pública está a expandir-se.

O potencial das tecnologias da informação e da comunicação está a ser ativamente utilizado para melhorar a qualidade de vida dos cidadãos, para os ajudar a concretizar os seus direitos e liberdades constitucionais, para formar instituições da sociedade civil, para aumentar a participação dos cidadãos na resolução dos seus problemas prementes e para melhorar a eficácia das actividades do Estado e das autoridades locais.

Estes processos aumentam inevitavelmente a dependência dos indivíduos, organizações, organismos e instituições estatais da sustentabilidade do funcionamento da infraestrutura de informação da sociedade, da segurança da sua utilização para a aplicação dos direitos e liberdades fundamentais, dos interesses legítimos dos cidadãos, dos interesses da sociedade e do Estado. A sustentabilidade do funcionamento e a segurança da utilização da infraestrutura de informação tornam-se um fator importante para melhorar a competitividade do país e garantir a sua segurança nacional.

A resposta aos novos desafios e ameaças está associada, entre outras coisas, à garantia da segurança nacional da informação dos indivíduos, das organizações, da sociedade e do Estado no seu conjunto. Inclui segurança organizacional, jurídica, pessoal, técnica, financeira e outros tipos de segurança. Esta monografia centra-se na previsão legal e organizacional da segurança da informação nacional na estratégia das relações interestatais, que desempenham um papel de formação do sistema nesta contra-ação. Graças aos esforços do legislador, o apoio jurídico à segurança da informação nacional transformou-se, de facto, num sub-ramo independente do direito da informação. O apoio organizacional é um instrumento eficaz para coordenar os esforços dos sujeitos que garantem a segurança nacional da informação relativamente às ameaças mais perigosas, à estabilidade do funcionamento e à segurança da utilização das infra-estruturas de informação da sociedade.

Na monografia proposta, baseada na investigação e nas abordagens conceptuais do autor, são sistematicamente delineados os aspectos mais relevantes do apoio jurídico à segurança da informação nacional, bem como os aspectos mais importantes do seu apoio organizacional.

O significado prático desta monografia reside no facto de considerar os problemas da criação de um sistema para garantir a segurança da informação nacional como um conjunto ordenado de soluções normativas, organizacionais e técnicas que permitem não só combater as ameaças à segurança da informação nacional, mas também aumentar a transparência do processo de criação e funcionamento de tais sistemas.

As conclusões e recomendações propostas na monografia baseiam-se na análise de materiais normativos e metodológicos específicos, apoiados por ilustrações ilustrativas e têm um potencial significativo de desenvolvimento futuro.

Os materiais da monografia serão úteis para cientistas e especialistas que lidam com as questões de garantia da segurança da informação nacional, bem como para estudantes de cursos académicos relevantes.

Para além da introdução, a monografia inclui quatro capítulos. O primeiro capítulo "O estado atual da influência das tecnologias da informação no desenvolvimento das relações interestatais" discute questões como os conceitos de formação de sistemas de informação, a influência das tecnologias da informação no desenvolvimento das relações interestatais, as tendências no desenvolvimento do espaço de informação global, bem como analisa os sistemas de gestão dos recursos da Internet para garantir a segurança do Estado, mostra a evolução das abordagens aos problemas estudados do ponto de vista do indivíduo, da sociedade e do Estado.

No segundo capítulo, "Os princípios fundamentais da formação da diplomacia digital nas relações interestatais", são considerados os princípios prioritários da formação da diplomacia digital, são classificados os factores de ameaça aos recursos de informação nas relações interestatais, é feita a classificação dos recursos e objectos de informação confidenciais na segurança da informação interestatal e são propostos os métodos para garantir a segurança da informação nas relações interestatais e garantir a segurança dos recursos de informação críticos.

O terceiro capítulo "Modelos conceptuais de garantia da segurança da informação das relações interestatais" é um material exclusivo, onde são apresentadas as abordagens do autor ao estudo dos problemas organizacionais e jurídicos da formação do sistema de garantia da segurança da informação das relações interestatais, bem como da segurança da informação internacional, onde os aspectos sociais relacionados com o conteúdo filosófico do conceito de "segredo" são considerados de forma concentrada, onde é mostrada a correlação entre todos os tipos de segredos.

O quarto capítulo final "Métodos de melhoria do sistema de garantia da segurança da informação do Estado" descreve os métodos de criação de espaços virtuais de informação comunicativa das relações interestatais, métodos e meios de construção da imagem dos informadores e das suas estruturas organizacionais, e também fundamenta a diplomacia digital como um meio de introdução operacional na consciência das massas. Ao mesmo tempo, são anexadas abordagens sistemáticas para melhorar as relações interestatais nas plataformas das redes sociais profissionais.

A monografia também fornece uma lista de literatura recomendada, que pode ser útil para estudar as secções relevantes.

O material apresentado, reunido nas páginas da monografia, permite introduzir o leitor no leque de problemas para garantir a segurança da informação nacional ao nível do indivíduo, da sociedade e do Estado, incluindo os aspectos organizacionais e jurídicos relevantes da proteção da informação, incluindo os segredos de Estado e comerciais.

A monografia é recomendada para investigadores empenhados no estudo das relações internacionais contemporâneas e da política mundial, especialistas no domínio da segurança da informação internacional e nacional, bem como para um vasto leque de leitores interessados nesta questão.

CAPÍTULO I

O ESTADO ACTUAL DA INFLUÊNCIA DAS TECNOLOGIAS DA INFORMAÇÃO NO DESENVOLVIMENTO RELAÇÕES INTERESTATAIS

Este capítulo aborda questões como os conceitos sistémicos da informação, o impacto das tecnologias da informação no desenvolvimento das relações interestatais, as tendências no desenvolvimento do espaço global da informação, bem como analisa os sistemas de gestão dos recursos da Internet para garantir a segurança do Estado, mostra a evolução das abordagens aos problemas estudados do ponto de vista do indivíduo, da sociedade e do Estado.

§1.1 Analisar o impacto das tecnologias da informação das redes de comunicação no desenvolvimento das relações interestatais

Os processos de informação na evolução das relações internacionais contemporâneas

Processos de informação à escala mundial, que conduzem ao facto de o espaço de informação estar cada vez mais preenchido com conteúdos políticos e de, no espaço político, a intensidade das interações da política externa estar a aumentar, devido à penetração das tecnologias da informação e da comunicação em todas as esferas da vida dos Estados.

As relações de política externa passam por ciclos complexos de desenvolvimento, o que se expressa no facto de a ordem mundial estar a mudar, havendo nela mudanças horizontais e verticais. As mudanças verticais podem significar uma mudança no estatuto dos actores fortes e fracos (actores) - os Estados. Isto manifesta-se no enfraquecimento das posições dos Estados que foram fortes no passado recente e no aumento do estatuto internacional dos Estados que, durante um longo período de tempo, foram considerados em desenvolvimento, mas que não obtiveram resultados óptimos em termos de desenvolvimento.

A abordagem institucional tem a sua própria especificidade no estudo da modernização das relações internacionais e deve ajudar a determinar quais os novos padrões, normas e regras das relações de política externa que serão caraterísticos dos países em desenvolvimento entre si e com os países mais desenvolvidos com níveis mais elevados de desenvolvimento das infra-estruturas de informação, intensidade das comunicações e outras caraterísticas dos processos de informação. Atualmente, revestem-se de especial interesse as instituições e os processos políticos que estão a surgir e a funcionar na cena mundial com a participação dos países em desenvolvimento, participação essa que se está a tornar cada vez mais ativa.

Ao considerarmos o desenvolvimento de tais instituições e a possibilidade de estabelecer novas relações de política externa com a participação dos países em desenvolvimento, devemos ter sempre presente que tudo isto se passa no contexto de um outro processo complexo e multilateral - a globalização, que abrange agora todas as esferas de interação entre Estados e sociedades em todo o mundo.

A informatização está a penetrar nas relações internacionais, contribuindo para a formação de um novo espaço político e de informação. Qualquer Estado que disponha de uma infraestrutura de informação mais desenvolvida tem mais oportunidades de influenciar as relações internacionais, a situação política interna, a consciência pública e o comportamento. E isto aplica-se não só às estruturas estatais, mas também às organizações internacionais que são criadas no espaço real e interagem no espaço virtual.

A informatização está a tornar-se um meio de comunicação que une novos movimentos emergentes, partidos, organizações e fundações que defendem forças de oposição. Graças às tecnologias da informação (TI) e à aceleração das comunicações sociais, é possível criar estruturas extra-estatais ou supranacionais que representam uma força séria contra o poder do Estado e a interferência de outros Estados.

É por isso que a ciência política se depara com um problema científico: estudar a emergência de relações internacionais informacionais, quando as comunicações internacionais não envolvem Estados com os seus representantes, mas grupos e organizações que emergem rapidamente com os seus líderes políticos e espalham a sua influência pelas regiões.

Está em curso a construção social de novas normas institucionais, padrões e códigos, bem como a formação de novos tipos de relações internacionais (por exemplo, a integração). Este processo é facilitado pela informatização de muitas sociedades; o papel crescente das comunicações facilita a formação de laços sociais e de capital social.

Os tipos de processos sociais que operam na sociedade também podem ser encontrados nas relações internacionais e na divisão das forças políticas na cena mundial, uma vez que também existem normas, padrões e códigos institucionais estabelecidos. Estes tipos de processos sociais incluem: rivalidade (conflito como um tipo de rivalidade), cooperação (parceria como um tipo de cooperação).

No século XXI, os processos de integração estão a intensificar-se e as uniões internacionais emergentes, os grupos, os elementos megacivilizacionais não só defenderão os seus interesses, como também introduzirão novas regras, padrões de comportamento, princípios de relações internacionais, princípios de formação de políticas internas e externas. Isto é facilitado pelo aumento das comunicações com a utilização das novas tecnologias da informação.

A nova polarização do mundo criou a base para novos tipos de relações internacionais, que podem ser corretamente designadas por "mega-civilizacionais". As actividades da União Africana e da NEPAD, que têm principalmente em conta os problemas económicos, sociais e políticos comuns aos países em desenvolvimento, podem ser consideradas uma dessas bases.

O aprofundamento dos processos de integração e o desenvolvimento das estruturas institucionais remontam à UE na Europa. Está a surgir um certo equilíbrio móvel e a interligação dos três níveis - supranacional, nacional e regional - está a tornar-se cada vez mais diferenciada. Por exemplo:

- o princípio da subsidiariedade introduzido no quadro do Tratado da UE;
- Criação de uma nova instituição - o Comité das Regiões - como órgão deliberativo (composto por representantes das comunidades regionais e locais);
- a prática de representar o Estado-nação por regiões de Estados federais.

Os processos de informação são aceleradores peculiares das mudanças na política externa. As bases para essas mudanças foram lançadas na segunda metade do século XX. É possível que alguns países em desenvolvimento não só passem para a linha da frente, mas também formem uma nova estrutura integrada. Os factores que impulsionam essa mudança variam de Estado para Estado. Para alguns países da Ásia do Sul e do Sudeste Asiático (Índia, China, Malásia) são os progressos económicos e técnicos significativos, para alguns países da América Latina (Argentina, Brasil, Venezuela, Chile) são as mudanças significativas na política interna. Uma redistribuição em torno dos países em desenvolvimento avançados e uma redistribuição dos estatutos desses próprios países podem começar num futuro próximo.

Já em 1989, foi formada a União do Magrebe Árabe no Norte de África, envolvendo a Argélia, a Líbia, a Mauritânia, Marrocos e a Tunísia. Mas a região do Norte de África representa cinco mercados fechados. Mesmo quando se comparam o PIB e o rendimento pessoal, são visíveis diferenças significativas entre estes países e o resto do continente africano. No que respeita às infra-estruturas de informação, existem também diferenças profundas entre os grupos de países mencionados.

A integração representa uma via de desenvolvimento alternativa para os países em desenvolvimento, uma forma de alcançar um progresso autossuficiente. O êxito deste processo de integração exige relações socioeconómicas mais maduras, mecanismos de mercado desenvolvidos e novas formas institucionais de política externa.

Na nossa opinião, a formação de tais formas ocorrerá principalmente no domínio da segurança da informação nos países em desenvolvimento. É a segurança da informação que se está a tornar uma norma obrigatória das relações internacionais modernas, mas até agora não foi formalizada como um requisito, mas sim como uma necessidade expressa a nível internacional. Atualmente, esta norma não está, na sua maioria, regulamentada. E devido ao reforço das comunicações de massas, com base na politização do espaço de informação, torna-se necessário e possível desenvolver normas institucionais que contribuam não só para o desenvolvimento da NMIS, mas também para a regulação das relações internacionais modernas.

A utilização crescente das tecnologias da informação está a mudar radicalmente o quotidiano de milhões de pessoas. Estas mudanças provocam alterações não só na política interna dos mais diversos países do mundo em termos de desenvolvimento, mas também nas relações entre esses países, no papel desempenhado no sistema mundial por organizações internacionais, movimentos sociais, grupos financeiros, organizações criminosas e indivíduos. O próprio objeto da teoria das relações internacionais está a mudar. A compreensão teórica das relações internacionais modernas sem ter em conta o papel das novas tecnologias da informação torna-se simplesmente impossível. Estas mudanças qualitativas reflectem-se no processo de tomada de decisões em matéria de política externa. Hoje em dia, um analista que trabalha com problemas específicos de política externa enfrenta as consequências da revolução da informação não só quando estuda este ou aquele fenómeno da vida internacional.

As tecnologias da informação estão a mudar o próprio trabalho do investigador internacional. Reconhecer a natureza destas mudanças é um pré-requisito para resolver quase todos os problemas aplicados.

Investigar o papel da tecnologia da informação nas relações internacionais contemporâneas. Para atingir este objetivo, é necessário realizar duas tarefas principais. Em primeiro lugar, deve ser analisado o impacto das novas tecnologias da informação nas relações internacionais contemporâneas (incluindo as mudanças no papel do Estado nas relações internacionais e as mudanças nas formas de conflito internacional). Em segundo lugar, é necessária uma compreensão clara das mudanças que as novas tecnologias da informação trazem para o estudo das relações internacionais.

Hoje em dia, a informação é, em grande parte, o produto de dados recolhidos por sensores electrónicos. As comunicações electrónicas alargaram a área em que a informação pode ser trocada em tempo útil. O software e o hardware de processamento de dados também estão a desenvolver-se rapidamente.

A Internet criou uma necessidade sem precedentes de troca constante e rápida de informações nos sectores militar, governamental e privado. As redes de informação ligadas à Internet estão constantemente a processar informações privadas, comerciais e militares. Estas mudanças qualitativas nos processos de recolha de dados, a sua transformação em informação e a divulgação desta informação constituem a base da chamada revolução da informação.

A informação é atualmente um recurso estratégico que deve ser gerido de forma eficaz para se alcançar a superioridade. Dado que a informação desempenha um papel tão importante, qualquer ação tomada no domínio da informação pode ter consequências no domínio físico (materiais, pessoal, finanças) e no domínio abstrato (sistema de crenças).

As tecnologias da era da informação tornam o ambiente de combate mais dinâmico e imprevisível. Isto torna as economias nacionais mais sensíveis aos desenvolvimentos globais, aumenta a consciência cultural e política de uma parte da população mundial e alimenta os movimentos radicais que promovem a fragmentação e a desestabilização globais. As tecnologias da era da informação podem apresentar os resultados das acções militares (pequenas ou grandes) a um público global quase imediatamente. As imagens de guerra e de paz - reais ou criadas - podem influenciar a vontade nacional e a opinião pública, mesmo antes de as audiências verificarem a sua autenticidade. Paradoxalmente, o fluxo de informação em tempo real impõe uma necessidade ainda maior de recolha de informações.

A revolução da informação está a mudar a face das instituições. Elimina hierarquias, dispersa e redistribui o poder (frequentemente para elementos mais pequenos), atravessa e redesenha fronteiras e expande os horizontes do tempo e do espaço. A revolução da informação reforça a importância das redes (por exemplo, redes sociais ou de comunicação). Permite que actores diferentes e remotos comuniquem, consultem e se coordenem entre si a maiores distâncias e com melhor informação do que anteriormente. A revolução da informação será a causa de mudanças nas formas de conflito entre sociedades e nos métodos de guerra - conflito a nível social e guerra de comando e controlo a nível militar. Ambos os tipos estão relacionados com a informação, mas também são apenas formas de guerra sobre o conhecimento que a sociedade ou os militares têm de si próprios e dos seus adversários.

A tecnologia da informação é o "grande equalizador" dos Estados, tanto em tempo de paz como de guerra. Esta tecnologia não conhece fronteiras nacionais e está a espalhar-se por todo o mundo. Muitos componentes e sistemas estão disponíveis no mercado internacional. A revolução da informação criou um ambiente em que a soberania dos Estados está a ser redefinida. Os conflitos entre Estados e associações não estatais são, por conseguinte, tão prováveis como os conflitos entre dois Estados.

A história das guerras pode ser dividida em três grandes períodos (ou vagas) que correspondem à história do desenvolvimento das civilizações humanas: agrário, industrial e informacional. As futuras guerras das civilizações da terceira vaga deverão assumir a forma de guerra de informação. Pensa-se frequentemente que a guerra de informação é uma guerra baseada em sistemas de comunicação perfeitos, no acesso ao espaço e na tomada de decisões em tempo real. Desde a antiguidade, os inimigos têm travado guerras em cinco dimensões - política, social, tecnológica, operacional e de abastecimento - que estão ligadas aos quatro elementos do poder nacional - político, social-psicológico, militar e económico. Ignorar um destes elementos pode levar a uma derrota catastrófica. A dimensão política consiste em objectivos políticos e na política como um processo. Os objectivos políticos sempre guiaram as guerras, embora nem sempre de uma forma totalmente coerente. A dimensão social - as atitudes e os compromissos das pessoas - também continua a ser importante. A tecnologia afecta todas as dimensões e todos os níveis da guerra. Interage com a cultura e os acontecimentos ao longo do tempo e do espaço e influencia a duração, a natureza e os resultados do conflito. A dimensão operacional está relacionada com a condução da guerra. Consiste principalmente em tentativas de dominar o campo de batalha e de quebrar a vontade de lutar do inimigo.

O último conceito operacional dominante da era pré-informação era o conceito de operações sequenciais, em que cada vez mais reservas eram gradualmente (por escalões) introduzidas na batalha, e a vitória dependia da disponibilidade dessas reservas e da escolha correta do momento para a sua utilização.

Vemos que a revolução na guerra tornou necessário considerar também a dimensão da informação. No entanto, não devemos considerar a informação como uma dimensão física (como o território, o ar ou o mar). A superioridade da informação não funciona da mesma forma que a superioridade aérea. Lutar em novas condições exige um paradigma completamente novo. Os seus pontos principais podem ser resumidos da seguinte forma:

- cada componente do sistema desempenha um papel na determinação do resultado;
- Fenómenos previsíveis e imprevisíveis coexistem e interagem, dando origem a redes complexas com um grande número de variáveis, tornando impossível prever o resultado;
- uma pequena alteração no sistema de entrada pode levar a alterações desproporcionadamente grandes nos resultados;
- Os sistemas - indivíduos, exércitos, burocracias - tendem a evoluir no sentido da sua própria complexidade crescente;
- os sistemas complexos podem reorganizar-se quando confrontados com desafios.

As rivalidades (ou hostilidades) no âmbito de um tal paradigma são mais susceptíveis de assumir a forma de guerra de informação, que se refere a um conflito que envolve informação a nível estratégico entre Estados ou sociedades. Pode ser direcionada para a atenção do público ou das elites. Pode incluir diplomacia, propaganda e campanhas psicológicas, subversão política e cultural, introdução de dados falsos nos meios de comunicação locais, penetração em redes e bases de dados de informação e promoção de movimentos de oposição ou dissidência através de redes informáticas. Os principais alvos são as áreas sociais e económicas de acesso relativamente fácil.

Por conseguinte, a análise do impacto das tecnologias da informação e da comunicação nas relações internacionais e nos processos políticos modernos é relevante tanto do ponto de vista teórico como prático. As tecnologias da informação e da comunicação alteram significativamente as relações sociais. As novas tecnologias transformam o objetivo e as funções das instituições públicas e internacionais - Estados, grupos financeiros, partidos políticos e organizações internacionais. A consideração teórica das relações internacionais fora do contexto das tecnologias da informação e da comunicação já não pode ser suficiente para uma reflexão objetiva e abrangente. Absolutamente todas as áreas das relações internacionais estão a sofrer mudanças qualitativas: desde o processo de desenvolvimento de decisões de política externa até aos conflitos internacionais. Compreender a natureza do desenvolvimento dos processos políticos sob a influência das tecnologias da informação e da comunicação é um pré-requisito importante para resolver qualquer problema aplicado na esfera das relações internacionais.

A gama de abusos de informação é bastante vasta e pode dizer respeito não só a informação não autorizada, "spam", criação de sítios Web ilegais, mas também a crimes graves cometidos por ódio nacional ou religioso. Não é segredo que a Internet se tornou um "porto seguro" para as organizações terroristas, incluindo as internacionais, que estão empenhadas numa "guerra de informação" ativa contra o Estado e a sociedade em todo o mundo. Deve ter-se em conta que, tendo um sinal de globalidade (para além da territorialidade) e sendo um meio de comunicação barato, a Internet torna-se frequentemente um "lugar" para cometer vários tipos de infracções.

As tecnologias da informação oferecem oportunidades iguais tanto para conduzir políticas negativas como para desenvolver formas de as prevenir e até para melhorar os métodos de condução de uma política externa eficaz. Ao mesmo tempo, os abusos de informação devem ser combatidos com métodos de informação adequados.

As caraterísticas técnicas e as capacidades de consumo das

tecnologias da informação permitem reavaliar, a nível político, muitos estereótipos que se desenvolveram no modo de vida internacional, obrigando os Estados a adotar uma nova abordagem na escolha das orientações de política externa e nas formas de resolução de conflitos políticos. Uma das formas de conduzir uma política negativa são as guerras de informação. Os métodos informativos de confronto internacional, menos pesados e onerosos do ponto de vista económico, começam a substituir gradualmente os meios tradicionais de força. A informação torna-se simultaneamente uma arma poderosa e um alvo vulnerável para o inimigo. No contexto da integração intensiva dos cidadãos e das organizações nas relações internacionais, bem como devido à disponibilidade de armas de informação para um vasto leque de pessoas, surge o problema de distinguir as acções militares dos crimes (incluindo o terrorismo).

O papel da Internet na política internacional tem crescido significativamente. Atualmente, a Internet é um instrumento abrangente de influência política e de impacto no desenvolvimento socioeconómico no contexto da globalização das relações internacionais.

A Internet é um dos factores de desenvolvimento da democracia no mundo. É com a sua ajuda que os actores não estatais, incluindo as organizações não governamentais e os cidadãos, podem alargar as esferas da sua participação nas actividades internacionais e nacionais. De facto, a Internet está a tornar-se um indicador importante dos direitos e liberdades civis em vários países do mundo. Este facto é confirmado por análises regulares efectuadas por organizações internacionais como a Amnistia Internacional, a Human Rights Watch e os Repórteres Sem Fronteiras.

Assim, outra conclusão importante do documento é que o desenvolvimento da Internet conduziu a um aumento da influência dos actores não estatais na cena mundial, ou seja, a influência das instituições públicas e dos indivíduos na política e nas relações internacionais aumentou significativamente.

A guerra global da informação difere da criminalidade informática na medida em que implica uma ação hostil por parte de um adversário - quer se trate de um indivíduo, de uma organização rival ou de um Estado hostil - numa luta pela hegemonia no mercado ou na arena política. No entanto, a guerra de informação é mais vasta do que apenas a dimensão militar. É muito mais vasta do que a guerra de comando e controlo. Basicamente, o conjunto de alvos da guerra de informação não será o conjunto de alvos militares. "A guerra de informação é um conflito eletrónico em que a informação é um bem estratégico digno de ser conquistado ou destruído. Os computadores e outros sistemas de comunicação e informação serão alvos de primeiro ataque e, ao mesmo tempo, armas na nova guerra."

Numa perspetiva alargada, a guerra da informação é travada em muitas dimensões. Trata-se de uma estratégia de Estado que utiliza todas as alavancas do poder nacional para criar vantagens a nível estratégico. É mais do que a aplicação da tecnologia da informação para aumentar a eficácia dos instrumentos de guerra modernos. Representa as acções necessárias para paralisar não só os sistemas de comando e controlo militar do inimigo, mas também os seus sistemas políticos e financeiros.

A quantidade, o nível técnico e a acessibilidade dos recursos de informação determinam já o nível de desenvolvimento de um país e o seu estatuto na comunidade mundial, tendo-se tornado, sem dúvida, um indicador decisivo desse estatuto.

O desenvolvimento do processo de informatização da comunidade mundial gera todo um conjunto de consequências geopolíticas negativas.

As TIC estão a tornar-se rapidamente um estímulo importante para o desenvolvimento das capacidades militares dos países, aumentando a sua dotação de informação. Torna-se possível aos países científica e tecnologicamente avançados utilizar o potencial de informação para suprimir e subjugar os Estados menos desenvolvidos e, consequentemente, mais fracos. Esta situação conduz inevitavelmente a uma polarização acelerada do mundo, que se torna uma fonte de instabilidade, uma base para a emergência e o desenvolvimento de conflitos reais e potenciais, incluindo os que se podem tornar globais por natureza. A alteração dos equilíbrios de poder a nível mundial e regional, o aumento das tensões entre os centros de poder tradicionais e emergentes e o aparecimento de novas fronteiras de confrontação mundial dão origem à possibilidade de conflitos militares.

Os computadores estão a alterar fundamentalmente os próprios princípios da guerra, porque permitem operações militares mais rápidas e menos sangrentas. Em vez de arriscarem a perda de equipamento militar dispendioso e moroso e de numerosas tropas, os comandantes podem utilizar terminais informáticos para penetrar nas redes informáticas de países estrangeiros, desativar radares, equipamento eletrónico, interromper as comunicações telefónicas, ou seja, afetar infra-estruturas críticas e influenciar propositadamente a consciência dos cidadãos.

A vulnerabilidade do ciberespaço torna-o um meio muito atrativo para as organizações terroristas, os grupos criminosos e os autores individuais cometerem actos criminosos contra os interesses públicos, a segurança dos Estados, das organizações e dos cidadãos.

A incorporação das mais recentes tecnologias e ferramentas da informação e das telecomunicações nos arsenais das organizações terroristas é extremamente perigosa, uma vez que transforma radicalmente os próprios métodos da atividade terrorista. A utilização generalizada das TIC por elementos extremistas permite-lhes formar estruturas organizacionais em rede altamente eficazes e flexíveis que unem grupos díspares em comunidades terroristas transnacionais cuja existência é muito difícil de detetar até ao momento de um ato terrorista. As TIC permitem que as organizações terroristas passem de ataques "pontuais" a ataques sistemáticos e muitas vezes dissimulados às infra-estruturas de informação. Permitem que mesmo os hackers amadores utilizem técnicas de "pirataria informática" para fins criminosos e terroristas, como o ataque do vírus Helkern acima referido.

A análise dos ciberataques que se tornaram conhecidos mostra que as TIC já foram dominadas por organizações terroristas e extremistas internacionais (Hamaz, Al-Qaeda) e movimentos separatistas nacionais (Tigres de Libertação do Tamil Eelam, etc.).

Na sua forma mais geral, as armas de informação podem ser definidas como meios técnicos e outros, tecnologias, métodos e informações concebidos para exercer um impacto "vigoroso" sobre o espaço de informação, a defesa, a gestão, os sistemas políticos, sociais, económicos e outros sistemas críticos do Estado inimigo, a fim de os danificar e de obter superioridade no confronto de informação.

§ 1.2 Especificidades do desenvolvimento da sociedade da informação e garantia da segurança da informação

A segurança da informação de um país é entendida como o estado de proteção dos seus interesses nacionais na esfera da informação, determinado pela totalidade dos interesses equilibrados de um indivíduo, da sociedade e do Estado.

Entre as ameaças externas à segurança da informação no domínio da política externa, o maior perigo é representado por:
- impacto da informação das estruturas políticas, económicas, militares e de informação estrangeiras no desenvolvimento e implementação da estratégia de política externa;
- A divulgação de informações incorrectas sobre a política externa no estrangeiro;
- violação dos direitos dos cidadãos e das pessoas colectivas nacionais no domínio da informação no estrangeiro;
- tentativas de acesso não autorizado à informação e impacto nos recursos de informação, infra-estruturas de informação das autoridades executivas que executam a política externa, representações e organizações no estrangeiro, representações junto de organizações internacionais.
O termo "sociedade da informação" foi cunhado por Y. Hayashi, professor do Instituto de Tecnologia de Tóquio. Os investigadores e criadores da teoria da sociedade da informação são também: M. Castells, F. Webster, E. Giddens, J. Habermas, D. Martin, G. Molitor, E. Toffler, D. Bell, Z. Brzezinski, A. King, D. Nesbit, A. Touraine, P. Drucker, M. McLuhan e outros.
A sociedade da informação vai mudar o modo de vida, o sistema de valores dos indivíduos e dos grupos sociais, e a importância dos valores da informação em relação aos valores materiais vai aumentar.
T. Stonier observou que as transacções sobre coisas materiais levam à competição, enquanto a troca de informação entre indivíduos e grupos sociais leva à cooperação. Nas condições de formação da sociedade da informação, os indivíduos e os grupos sociais terão de repensar a sua posição de vida, a redistribuição dos valores de vida que está a ocorrer.
O fator determinante da diferenciação social da sociedade da informação é o nível de conhecimento e não a propriedade. O fator determinante da diferenciação social da sociedade da informação é o nível de conhecimento e não a propriedade E. Toffler observa que, nas condições de formação da sociedade da informação, haverá "mudanças radicais na esfera da produção, que implicarão inevitavelmente mudanças sociais de grande fôlego".
Na sociedade moderna, a segurança da informação é a componente mais importante da segurança nacional.
Esta disposição deve-se a uma série de circunstâncias:

Na fase atual, a concretização dos interesses vitais de um indivíduo, da sociedade e do Estado é levada a cabo através dos processos de informatização, ou seja, estes sujeitos vêem a concretização dos seus interesses através do prisma da obtenção de benefícios proporcionados pelo desenvolvimento das relações de informação, e desejam desenvolver-se nesta direção;

A esfera da informação adquiriu o estatuto de esfera formadora de sistemas e dela depende em grande medida o nível de desenvolvimento económico, social e político da sociedade e do Estado;

as especificidades da esfera da informação são tais que as consequências negativas da aplicação de ameaças à segurança da informação se manifestam noutras esferas da vida de um indivíduo, da sociedade e do Estado e afectam a segurança nacional nas esferas política, económica e outras.

A análise dos desafios e ameaças existentes nos Estados membros da CEI mostra que, nas condições actuais, o perigo de cometer crimes, situações de crise e outras acções ilegais utilizando as modernas tecnologias da informação está a aumentar.

И. Wallerstein assume que em 20002025 haverá uma nova e muito significativa expansão da microeconomia com base em novas indústrias líderes monopolizadas. Tal sistema, na sua opinião, terá as seguintes caraterísticas:

1. Será um microssistema bipolar e não unipolar.

2. A atual saída de capitais, principalmente do Sul, deverá continuar no próximo período, mas as necessidades económicas do Sul estão a aumentar e não a diminuir.

3. Foi criado um fosso demográfico paralelo (e mesmo superior) ao fosso económico entre o Norte e o Sul. Poderá registar-se uma pressão migratória maciça do Sul para o Norte.

4. Não haverá descolonização dos países em desenvolvimento entre 2000 e 2025, mas é provável que a situação económica das classes médias desses países se deteriore.

5. Há uma tendência crescente para o fracasso do liberalismo e para que as classes perigosas se tornem novamente perigosas.

As caraterísticas das armas de informação incluem a sua universalidade, o seu impacto radical e a sua acessibilidade. Não requerem grandes despesas de recursos financeiros para a sua ativação, o que faz da guerra de informação um meio económico e, por conseguinte, muito perigoso de luta armada. A sua utilização é impessoal e pode ser facilmente disfarçada de atividade pacífica. Ao mesmo tempo, é difícil determinar a sua nacionalidade e o Estado que efectuou o ataque informático. A questão é ainda mais complicada pelo facto de as agressões serem frequentemente levadas a cabo a partir do território de países terceiros. As armas de informação não conhecem distâncias geográficas e minam o conceito tradicional de fronteiras estatais, tornando-as tecnologicamente permeáveis. A utilização destas armas pode ser efectuada de forma dissimulada, sem declaração de guerra, e não exige uma preparação visível. Por vezes, a vítima pode nem sequer se aperceber de que está sob a influência da informação. Além disso, devido à falta de sistemas e técnicas que avaliem a ameaça e avisem antecipadamente de um ataque iminente, a possibilidade de contrariar este tipo de agressão é complicada. O desenvolvimento de critérios para determinar o facto de um ataque às infra-estruturas de informação e a criação de um "sistema de alerta precoce" semelhante ao sistema de alerta de ataques militares criado durante a Guerra Fria é difícil devido à evolução constante e rápida da natureza das ameaças na infosfera.

As armas de informação incluem meios de reconhecimento e localização de alta precisão de equipamentos que emitem no espetro radiomagnético, de definição de alvos e de destruição de fogo; meios de desativação de componentes de sistemas radioeléctricos e de software; meios de desorganização do funcionamento de subsistemas de troca de informações, afectando o meio e o algoritmo de propagação de sinais; meios de gestão da perceção, propaganda, desinformação e, finalmente, armas psicotrónicas.

A mais perigosa é a utilização de armas de informação contra instalações e estruturas militares e civis que devem estar num estado de operacionalidade contínua e funcionar em tempo real. Os resultados de um impacto hostil no seu trabalho podem ser catastróficos.

O problema de garantir a segurança internacional da informação é complicado, em primeiro lugar, pelo facto de ainda não se ter tornado um objeto de regulamentação do direito internacional. Na era da globalização, que afectou tanto o domínio científico-técnico como o da informação e das telecomunicações e que, em grande medida, foi provocada pelo aparecimento de desenvolvimentos revolucionários nestes domínios, as comunicações entre países estão cada vez mais dependentes de infra-estruturas baseadas nas tecnologias da informação que atravessam as fronteiras nacionais. O carácter internacional das ameaças de agressão informática e de criminalidade determina a necessidade de cooperação, tanto a nível regional como mundial, a fim de tomar medidas concertadas para reduzir as ameaças existentes. Nenhum Estado pode alcançar este objetivo sozinho.

Consciência de que o aparecimento e a proliferação de armas de informação e a militarização das tecnologias de informação constituirão um poderoso fator de desestabilização das relações internacionais e porão seriamente à prova todo o sistema de acordos internacionais de manutenção da estabilidade estratégica.

O conceito de segurança da informação reflecte-se hoje nos documentos sobre segurança da informação internacional na formulação: "A segurança da informação é o estado de proteção dos indivíduos, da sociedade e do Estado e dos seus interesses contra ameaças, impactos destrutivos e outros impactos negativos no espaço da informação". Nesta formulação, este conceito básico abrange as ameaças de natureza sócio-humanitária que se tornam cada vez mais relevantes e perigosas hoje em dia, em particular, as ameaças de disseminação de informações prejudiciais aos sistemas sócio-políticos e sócio-económicos, ao ambiente espiritual, moral e cultural do Estado.

§1.3 Recursos da Internet e tendências no desenvolvimento do espaço global
da informação

O desenvolvimento do sistema moderno de relações internacionais é cada vez mais determinado pelo fator do espaço de informação global. Parece que o desenvolvimento das tecnologias da informação na segunda metade do século XX foi significativamente acelerado pelos processos de globalização, que desempenharam um papel significativo na formação do sistema de relações internacionais.

A Internet tornou-se a base do espaço global da informação - uma infraestrutura tecnológica que permitiu unir utilizadores de todos os países numa única rede de informação.

Os países desenvolvidos do mundo moderno utilizam ativamente várias tecnologias da Internet para cumprir as suas funções. De um modo geral, esta tendência tem sido designada por "governo eletrónico". A formação de um espaço de informação, a difusão da Internet e de outras tecnologias da informação abrem oportunidades quase ilimitadas de interação transnacional. À escala global, os chamados actores não estatais da política mundial estão a tornar-se cada vez mais importantes, cuja interação no espaço de informação determina, em grande medida, a direção do desenvolvimento de todo o sistema de relações internacionais no seu conjunto.

O rápido desenvolvimento da Internet nos últimos anos, por um lado, abre oportunidades ilimitadas para o intercâmbio transnacional de informações, mas, por outro lado, muitas vezes não permite a aplicação das normas da legislação nacional em relação aos recursos de informação.

Parece que o desenvolvimento das tecnologias da informação teve um grande impacto nos processos de concorrência. Em condições de "consciência universal", por um lado, abrem-se grandes oportunidades para a concorrência desleal - espionagem industrial, informação económica, roubo de segredos de produção e outros segredos comerciais. Por outro lado, a vantagem da informação abre oportunidades ilimitadas para manter a competitividade e atrair clientes.

Cientistas proeminentes V.S. Pirumov, V.D. Popov, G.G. Pocheptsov, G.V. Grachev, I.K. Melnik, S.A. Modestov, S. Datsyuk, V.A. Kopylov, V.G. Krysko, L. Malkov, V.G. Mashlykin, M.I. Abdurakhmanov, V.A. Barishpolets, V.L. Manilov, S.P. Rastorguev, S. Parinov, S.E. Zuev, V.B. Veprintsev.

O espaço de informação, ou infosfera, é um ambiente muito específico. O conteúdo de processos como a interação no processo de atividade conjunta, a concorrência (através de mudanças no conteúdo e na natureza da concorrência entre os sujeitos que operam no espaço de informação) está a mudar significativamente. Em termos de confronto de poder, a luta armada e o confronto de informação, que se sobrepõe a este mas não coincide completamente, estão a mudar.

A natureza da concorrência geopolítica muda de forma especialmente significativa no espaço de informação devido à luta pela obtenção de superioridade de informação, pela posse de um recurso de informação mais desenvolvido, o que abre melhores oportunidades para controlar o recurso de informação do inimigo.

A política de informação considera sobretudo a componente informativo-psicológica dos processos de informação. Por conseguinte, a componente informático-psicológica do espaço de informação - a esfera informático-psicológica - é da maior importância para a política de informação.

A esfera da informação-psicológica é uma parte da esfera da informação, que está relacionada com os efeitos da informação na atividade mental humana.

É formado pelo agregado:

- pessoas;
- as informações que trocam e percepcionam;
- as relações sociais decorrentes das trocas de informação e os impactos da informação no psiquismo humano.

A atividade mental das pessoas constitui a base para o desenvolvimento de todas as esferas da vida social, determina o potencial intelectual da sociedade, a sua capacidade de desenvolvimento, a sua existência digna na comunidade mundial. A cultura, a consciência pública, a opinião pública sobre todos os acontecimentos socialmente importantes são formadas com base nesta atividade. A atividade mental, baseada na recolha, processamento, armazenamento, transmissão e divulgação de informações, determina a singularidade pessoal de uma pessoa, as suas necessidades espirituais, a motivação do comportamento, os valores morais, a visão do mundo, a atitude em relação aos outros e à sociedade como um todo.

A esfera da informação é um fator de formação de sistemas na vida da sociedade. Influencia ativamente o estado da economia, da política, da defesa e de outras componentes da segurança nacional.

No espaço da informação não existem fronteiras e territórios habituais. As distâncias, a geografia e as fronteiras podem ser referidas a categorias artificiais abstractas que quase não têm impacto nas relações entre indivíduos e organizações inteiras. O significado do espaço de informação para a política de informação são os seus componentes e processos, cujo impacto através dos meios e métodos da política de informação permite influenciar as perspectivas, influenciar os decisores, controlar os sistemas de recolha, processamento, armazenamento e transmissão de informação e multiplicar os recursos.

As principais propriedades do espaço de informação são as seguintes.

1. O espaço de informação é fundamental para os conceitos de guerra de informação e de armas de informação. A guerra de informação pode ser definida como uma atividade não autorizada no espaço de informação de outrem.

2. O espaço de informação é dinâmico. Não existe nele um estado completo. Os objectos físicos, em regra, têm limites físicos estritamente definidos. Por isso, é possível a seguinte consequência: é muito difícil conseguir um domínio permanente da informação, embora seja possível conseguir uma superioridade temporária da informação.

3. O espaço de informação é estruturado. É heterogéneo, tem atractivos que atraem a atenção e barreiras que repelem a atenção do consumidor de um determinado ponto do espaço de informação.

4. O espaço de informação está sempre protegido; há lugares nele que são conscientemente defendidos contra a entrada de outros. A proteção implica simultaneamente a presença de fragilidades e serve de detetor das mesmas.

5. O espaço da informação é universal: qualquer domínio da atividade humana depende dele. Daí as oportunidades únicas de impacto em qualquer domínio profissional.

6. O espaço de informação não está diretamente ligado ao espaço real devido à sua natureza parcialmente intangível e à capacidade de utilizar infra-estruturas de informação civis que chegam a qualquer parte do mundo, ao passo que os métodos militares familiares requerem os seus próprios meios.

7. O espaço de informação tem formas nacionalmente específicas de construção, tratamento e difusão da informação.

A estrutura do espaço de informação é um conjunto de relações e ligações estáveis entre os elementos do sistema. A estrutura inclui a organização geral do sistema (sujeito, processo, fenómeno), a disposição espacial e temporal das partes constituintes do sistema, etc. A estrutura é formada não por quaisquer ligações e relações, mas antes de mais por ligações regulares e essenciais. As conexões e relações mais importantes são chamadas de integradoras; elas influenciam outras conexões regulares, causando a especificidade geral das estruturas dentro do sistema.

Os principais componentes estruturais do espaço de informação na sua representação sinergética são os campos de informação e os fluxos de informação.

A comunidade em linha é uma comunidade de sujeitos de atividade baseada na transferência em massa da atividade de informação e nas interações de pessoas, grupos e organizações em linha. O desenvolvimento da Internet é acompanhado pela transferência em massa da atividade de informação das pessoas, bem como das interações de informação entre si, do ambiente criado pelas tecnologias tradicionais de informação e comunicação para o ambiente virtual da Internet, ou seja, em linha. Assim, um dos principais resultados das aplicações socioeconómicas das tecnologias da Internet é a emergência de um grande número de comunidades em linha na sociedade.

As comunidades em linha, no caso mais simples, são grupos de pessoas cuja comunicação se baseia na utilização de tecnologias da Internet (fóruns WEB, listas de correio, salas de conversação, etc.). Nos casos mais complexos, para além do modo de comunicação virtual, as pessoas utilizam métodos especiais de coordenação e harmonização das suas actividades, que diferem dos modelos de mercado e hierárquicos de gestão dos sistemas socioeconómicos.

A relativa simplicidade das condições em que os sujeitos da concorrência geopolítica se unem em coligações virtuais no espaço da informação explica-se tanto pela elevada intensidade da emergência e do desenvolvimento da informação e dos processos psicológicos da informação, como pela elevada capacidade de uma coligação virtual, constituída por um qualquer número de sujeitos heterogéneos da concorrência geopolítica, se adaptar às mudanças da situação geopolítica interna e externa, manobrar forças e meios e restabelecer rapidamente a situação geopolítica.

O espaço de informação, devido à sua transgranularidade e ao seu carácter virtual, actua no mundo moderno como uma das principais esferas de integração da comunidade humana à escala planetária.

Embora os benefícios da Internet sejam indubitavelmente prevalecentes, o mundo é também confrontado diariamente com os aspectos negativos deste fenómeno. Estamos a falar, em primeiro lugar, de actividades na Internet como a distribuição de materiais obscenos que ameaçam os fundamentos morais da sociedade, em particular a pornografia infantil, materiais neonazis, e a utilização da Internet para jogos de azar, apostas e lotarias de todos os tipos, a fim de tirar dinheiro à população.

Não restam dúvidas de que a colocação generalizada de "imagens" pornográficas em sítios Web prejudica significativamente os padrões de moralidade estabelecidos na sociedade, uma vez que os servidores com esse tipo de informação são frequentemente visitados por crianças e adolescentes. A prática de publicar fotos/vídeos pornográficos e informações afins em determinados sítios Web continua a ganhar força, uma vez que a Internet, no seu todo, não é atualmente propriedade de ninguém em particular e, por conseguinte, não existe uma autoridade administrativa que possa proibir globalmente esta prática ou, pelo menos, regulá-la de alguma forma.

Além disso, a Internet pode também servir como meio de divulgação de material de propaganda de organizações criminosas, receitas para o fabrico de explosivos e substâncias venenosas, armas, estupefacientes e psicotrópicos e métodos para abrir cifras electrónicas e outras. Estas informações podem ser facilmente dissimuladas, por exemplo, como informações científicas e técnicas.

Simultaneamente, existem ameaças reais fundamentalmente novas de utilização das conquistas alcançadas no domínio das novas tecnologias da informação e da comunicação para fins incompatíveis com os princípios básicos da manutenção da estabilidade e da segurança mundiais, tais como a igualdade soberana dos Estados, a não ingerência nos assuntos internos e a resolução pacífica de litígios e conflitos. Em particular, os países desenvolvidos são tentados a utilizar as suas vantagens no domínio da tecnologia informática e dos meios de informação e de influência psicológica sobre a consciência individual e pública para fins de expansão informativa, política, económica e cultural.

A influência da informação direcionada sobre o inimigo tem raízes muito antigas. No entanto, hoje em dia, graças às novas tecnologias, as consequências do impacto da informação podem ser comparáveis aos resultados das operações de combate no quadro da confrontação militar tradicional. A este respeito, parece necessário falar de confrontação de informações, em primeiro lugar, no contexto das relações interestatais, bem como em relação a várias organizações terroristas e criminosas cujas acções afectam interesses vitais ou são diretamente dirigidas contra um ou outro Estado. Esta situação colocou as questões da segurança da informação nacional, regional e internacional na agenda das relações internacionais modernas. Os principais conceitos neste domínio são definidos pelos especialistas da seguinte forma

Confronto de informação - uma forma de rivalidade interestatal implementada através da influência da informação nos sistemas de gestão de outros Estados e nas suas forças armadas, bem como na liderança política e militar e na sociedade em geral, na infraestrutura de informação e nos meios de comunicação social desses Estados, a fim de alcançar objectivos benéficos para si próprios, protegendo simultaneamente o seu próprio espaço de informação de acções semelhantes;

impacto da informação - o ato de utilizar armas de informação;

Arma de informação - um conjunto de meios técnicos e outros, métodos e tecnologias concebidos para:

- estabelecer o controlo dos recursos de informação de um adversário potencial;

- Interferência no funcionamento dos seus sistemas de gestão e redes de informação, sistemas de comunicação, etc., com o objetivo de perturbar o seu desempenho, incluindo a desativação total, a remoção, a distorção dos dados neles contidos ou a introdução dirigida de informações especiais, a divulgação de informações favoráveis e a desinformação no sistema de formação da opinião pública e de tomada de decisões;

a segurança da informação é um estado de proteção do espaço de informação, que assegura a sua formação e desenvolvimento no interesse dos cidadãos, das organizações e do Estado no seu conjunto; um estado de infraestrutura de informação do Estado, em que a informação é utilizada estritamente para o fim a que se destina e não tem um impacto negativo na informação ou noutros sistemas, tanto do próprio Estado como de outros países quando a utilizam.

Atualmente, podemos afirmar com toda a confiança que as questões de segurança da informação se tornaram um problema grave no desenvolvimento da sociedade global da informação, tendo como pano de fundo o elevado nível de conflito que persiste nas relações internacionais.

Este estado de coisas levou a uma mudança forçada na direção do pensamento político. A elite política sentiu a necessidade de planear o desenvolvimento futuro das novas tecnologias da informação e das telecomunicações, que, devido às suas peculiaridades, podem ter efeitos positivos e negativos na sociedade, tanto num determinado país como no sistema internacional. Em particular, é importante evitar a expansão do confronto e da confrontação no ambiente da informação e o agravamento da "fratura digital" entre os países desenvolvidos e o resto do mundo. E essas ameaças são, reconhecidamente, reais.

No processo de formação da sociedade da informação, é o Estado que deve desempenhar o papel de coordenador das actividades dos vários actores da sociedade e promover a integração dos cidadãos na sociedade global da informação através de uma política orientada, defendendo simultaneamente os seus interesses no espaço global da informação.

§1.4 Sistemas de gestão dos recursos da Internet para a segurança do Estado

A primeira década do século XXI assistiu a transformações fundamentais no domínio da comunicação política, que se reflectem diretamente na intensificação dos laços sociopolíticos, na mudança da hierarquia do poder para estruturas de rede descentralizadas.

Por sua vez, podem ser salientadas tendências positivas: As TIC abrem as portas à comunicação multilateral, incluindo as possibilidades de feedback, o que implica a sua utilização generalizada no processo político; na Internet, a aplicação dos canais de comunicação não é linear (ramificada), o que torna o fator de influência manipuladora por parte do Estado muito mais complicado e dispendioso, ou seja, o Estado já não consegue exercer a máxima influência a um custo mínimo; a Internet assimila todas as vantagens dos meios de comunicação de massas tradicionais e proporciona aos utilizadores a

Como aspectos negativos, notamos que o espaço da Internet é estritamente diferenciado. Todos os tipos de grupos sociais, que são portadores de informação, estão incluídos na interação mediada por computador, formando um único espaço. A estrutura do espaço Internet contém, a par de áreas com elevados indicadores de interação social e política, áreas com baixa atividade. As áreas com baixa atividade caracterizam-se principalmente por uma comunicação unidirecional, ou seja, o indivíduo é apenas um recetor. Esta distribuição heterogénea da atividade política na Web complica o estudo da comunicação política na Internet. Por exemplo, a interação na Web é classificada com base no grau em que os utilizadores da Internet têm conhecimento da informação política. Os critérios tradicionais de determinação do estatuto social estão a ser desvalorizados: a idade, a etnia e as caraterísticas sociopessoais já não desempenham um papel fundamental.

A penetração da Internet nas esferas sociais e políticas da sociedade está a tornar-se cada vez mais óbvia como a aplicação total das mais recentes tecnologias da Internet no sistema "poder-sociedade", o que, por sua vez, revela uma tendência constante do poder para expandir as formas e métodos de influência e impacto no sistema político e no processo de formação de decisões políticas. As mudanças nos modos e formas de comunicação política são um tipo de indicadores que podem ser utilizados para avaliar o estado do processo de gestão do poder, a sua intensidade e capacidade de controlo.

Existe uma necessidade premente de garantir a segurança nacional, que é ditada pela existência de ameaças reais a diferentes níveis, nomeadamente: ameaças a nível do indivíduo - aos seus direitos e liberdades; ameaças a nível da sociedade - às suas instituições sociopolíticas democráticas; e a nível do Estado - ameaças à independência e integridade do Estado.

"A segurança nacional é o estado de proteção do indivíduo, da sociedade e do Estado contra ameaças internas e externas, que permite assegurar os direitos constitucionais, as liberdades, a qualidade e o nível de vida dignos dos cidadãos, a soberania, a integridade territorial e o desenvolvimento sustentável, a defesa e a segurança do Estado".

Em particular, o aparelho concetual da Estratégia de Segurança Nacional, entre outros componentes importantes, contém o componente "meios para garantir a segurança nacional" - Internet, software, tecnologias de telecomunicações, incluindo meios de informação utilizados no processo de garantia da segurança nacional para efeitos de recolha, formação, processamento, transmissão ou receção de informações sobre o estado da segurança nacional e medidas para a reforçar.

A integração dos recursos da Internet na esfera da administração pública, a intensidade do desenvolvimento da administração pública em linha devido à adoção ativa de vários programas regionais para a construção de uma sociedade da informação deve aumentar. Por conseguinte, a solução para o problema de garantir a segurança nacional na administração pública em linha deve, por um lado, aumentar a confiança social dos cidadãos na execução dos serviços públicos prestados pela administração pública através dos recursos da Internet; por outro lado, garantir a proteção da administração pública em linha contra as ameaças à segurança nacional do país.

CONCLUSÕES DO CAPÍTULO I

Neste capítulo:
- O conceito e o conteúdo da abordagem institucional para o estudo das relações modernas de política externa são apresentados. As abordagens teóricas são comparadas e as possibilidades de

transformação das relações de política externa nas condições de informatização são investigadas;
- Foi analisado o impacto das tecnologias da informação das redes de comunicação no desenvolvimento das relações interestatais;
- são consideradas as caraterísticas específicas do desenvolvimento da sociedade da informação e da segurança da informação;
- Os recursos da Internet e as tendências de desenvolvimento do espaço global da informação são destacados numa escala acessível;
- ditados pelos sistemas de gestão dos recursos da Internet para garantir a segurança do Estado.

CAPÍTULO II

PRINCÍPIOS BÁSICOS DA DIPLOMACIA DIGITAL NAS RELAÇÕES INTERESTATAIS

Neste capítulo, "Princípios básicos da formação da diplomacia digital nas relações interestatais", são considerados os principais princípios prioritários da formação da diplomacia digital, são classificados os factores de ameaça aos recursos de informação nas relações interestatais, é feita uma classificação dos recursos e objectos de informação confidenciais na segurança da informação interestatal e são propostos métodos para garantir a segurança da informação nas relações interestatais e para garantir a segurança dos recursos e objectos de informação críticos na segurança da informação interestatal.

§2.1 Princípios prioritários fundamentais da formação da diplomacia digital

No período de formação de uma nova ordem internacional da informação e dos processos de globalização no mundo, as palavras proferidas há quase quatro séculos pelo famoso filósofo inglês Francis Bacon "quem possui a informação possui o mundo" estão a adquirir um significado qualitativamente novo. Não somos apenas testemunhas passivas, mas muitas vezes participantes activos no processo de formação e desenvolvimento do mercado da informação e do conhecimento como factores de produção, para além dos mercados tradicionais de recursos naturais. Hoje podemos dizer com toda a confiança que o conhecimento e a informação se estão a tornar um dos recursos estratégicos do Estado e da sociedade, um recurso de desenvolvimento socioeconómico, tecnológico e cultural.

A realidade atual mostra que o estatuto de um país é cada vez mais determinado pela sua capacidade de desenvolvimento, e essa capacidade, por sua vez, é determinada pela capacidade do país para construir e gerir os seus recursos de informação. O conhecimento e a tecnologia influenciam a vida de milhões de pessoas em todo o mundo através dos produtos, bens, serviços e cultura que consomem.

A infraestrutura dos recursos de informação tem caraterísticas espaciais e temporais muito peculiares, que não se limitam ao território nacional. A influência da informação é vista como um novo tipo de arma altamente eficaz, muitas vezes não menos eficaz do que as armas e o equipamento militar tradicionais. E na luta por esferas de influência económica e política, os países desenvolvidos estão cada vez mais a mudar a ênfase da utilização da força militar para a utilização de formas de luta dissimuladas e flexíveis, uma das quais é o controlo e a gestão dos recursos de informação de outros Estados.

A rede está mais ativamente envolvida na definição de normas de conduta desconhecidas na cena internacional. O progresso das tecnologias da informação e o crescimento acelerado do papel do ciberespaço e das redes sociais estão a criar uma nova realidade não só para as organizações e os cidadãos, mas também para os Estados.

O conteúdo da informação nas redes sociais está fora do controlo do Estado, ao contrário da televisão ou da rádio. Por isso, hoje somos obrigados a trabalhar com este canal de comunicação se quisermos evitar a distorção em grande escala da informação sobre o nosso trabalho.

Os media sociais alteraram profundamente as regras da diplomacia pública. No passado, a escala de influência de um diplomata competente podia chegar a centenas de milhares de pessoas. Apenas alguns conseguiam chamar a atenção de centenas de milhares ou milhões de pessoas através da rádio, da televisão ou da imprensa escrita. No entanto, esta atividade dos diplomatas pode entrar em conflito com os interesses do Estado, uma vez que este tenta normalmente evitar fugas de informação oficial sobre as actividades do serviço diplomático.

A diplomacia digital é uma das técnicas mais recentes da revolução tecnológica, impulsionada pelo advento das tecnologias em rede e pela digitalização de quase todos os dados.

O digital está a tornar-se o principal fator de forma da informação. A criação, por parte dos diplomatas, de grandes quantidades de informação digital e de tecnologias de ligação em rede torna agora possível a utilização de informação anteriormente isolada em papel, em prateleiras, em armários de arquivo. Não só a informação diplomática está a ser reunida, como também o conhecimento de cada funcionário em todo o mundo.

A interação nas redes sociais profissionais também pode ser útil para outra ferramenta da diplomacia digital - o crowdsourcing.

Hoje em dia, a abertura é uma necessidade objetiva para o Estado, que opera no espaço de informação em pé de igualdade com outros actores e fontes de informação. A diplomacia digital foi concebida para fornecer prontamente informações adequadas, refutar informações incorrectas e confirmar informações de fontes oficiais. No entanto, tudo isto está frequentemente associado a certos riscos.

A experiência e a informação acumuladas por vários departamentos da estrutura de política externa de um Estado, graças às modernas TIC, podem ser utilizadas com êxito em diferentes partes do globo, independentemente da localização da fonte e do consumidor.

A diplomacia digital é sobretudo de natureza aplicada e é particularmente útil para trabalhar com públicos estrangeiros, transmitir posições oficiais e moldar a imagem do Estado.

A diplomacia digital tem o poder de explicar por que razão uma decisão foi tomada, quais os resultados a que conduzirá, como afectará o processo de política externa, ou seja, de abrir o acesso aos resultados da diplomacia tradicional ao público em geral.

Para as agências de política externa, o tempo da diplomacia digital já chegou há muito tempo. Só têm de fazer uma escolha: observar passivamente as mudanças que estão a ocorrer e permanecer à margem do progresso tecnológico ou aceitar esta realidade e, com ela, dominar as oportunidades e vantagens que a diplomacia digital oferece.

Nalguns casos, a comunicação direta de um diplomata com o público pode ser eficaz (por exemplo, quando faz parte das suas funções diretas como representante oficial), enquanto noutros casos pode ser vista de forma negativa. Em geral, uma combinação hábil dos aspectos oficiais e públicos da atividade proporciona vantagens indubitáveis para influenciar os Estados e as sociedades estrangeiras. As variantes de tais combinações podem ser muito diversas e, em todos os casos, o Estado coopera com organizações da sociedade civil, tanto do seu próprio país como de parceiros internacionais, a fim de exercer influência no estrangeiro.

As estruturas diplomáticas utilizam ativamente os canais de comunicação modernos para influenciar a sociedade dos países estrangeiros. Em primeiro lugar, trata-se da Internet, das redes sociais, dos blogues - o que passou a ser conhecido como "novos meios de comunicação".

Os meios de comunicação social - Facebook, Twitter ou o sítio de alojamento de vídeos Youtube - são cada vez mais ferramentas que permitem ao cidadão comum, aos seus utilizadores, influenciar a política internacional.

Além disso, a alteração do panorama político mundial (em primeiro lugar, a interdependência económica dos países devido à globalização) torna necessário que os Estados tomem medidas de política externa mais activas para reforçar o seu próprio "soft power". Além disso, a alteração do panorama político mundial (em primeiro lugar, a interdependência económica dos países devido à globalização) torna atual a necessidade de acções de política externa mais activas por parte dos Estados para reforçar o seu próprio "soft power" em condições em que a utilização de medidas coercivas militares ou económicas parece duvidosa. A este respeito, a "diplomacia pública 2.0", que tem como uma das suas tarefas precisamente a formação de uma imagem positiva do Estado no estrangeiro, pode ser considerada como um instrumento extremamente útil da atividade de política externa. Além disso, esta direção da diplomacia pública pode ser utilizada para desacreditar os concorrentes geopolíticos na arena internacional ou como meio de promover a articulação da própria posição num vasto leque de questões da agenda atual em condições de "guerras de informação".

Um dos temas mais importantes da "diplomacia pública 2.0" (e em alguns países o principal) são os meios de comunicação social orientados para o público estrangeiro: canais de televisão, empresas de radiodifusão, agências noticiosas, imprensa escrita com contas nas redes sociais, microblogs e sites de alojamento de vídeos. O seu trabalho é especialmente notório em períodos de agravamento da situação internacional, quando são não só um instrumento de articulação da posição do Estado sobre uma série de questões da agenda atual, mas também a principal ferramenta no confronto "ideológico" com os concorrentes.

O rápido desenvolvimento dos meios de comunicação electrónicos e da comunicação criou uma oportunidade para a introdução ativa e rápida de mitos e valores na consciência das massas, a fim de desorientar a população e moldar as percepções desejadas.

O ambiente de informação emergente está a começar a ditar as suas próprias regras do jogo aos organismos estatais envolvidos na política externa. Complica o sistema internacional, alarga a lista dos seus participantes, altera os formatos dos acontecimentos sociopolíticos que afectam diretamente a configuração mundial e torna-se um fator de instabilidade e de emergência de ameaças adicionais. Não se trata apenas da componente informativa, mas também dos padrões de formação e evolução dos conflitos e de outros processos significativos.

A ameaça da informação é considerada uma das mais importantes ameaças à segurança nacional do país. A Internet é vista como um canal de difusão do extremismo e do terrorismo, de imposição de ideologias estranhas e de propaganda da política externa, como um meio de guerra de informação. No entanto, a garantia da segurança da informação não exclui a utilização da Internet como meio de realização dos objectivos internos e externos do Estado. As consequências da difusão da Internet são multifacetadas e não se esgotam nas questões de segurança.

De qualquer modo, o espaço da Internet entrou numa nova fase do seu desenvolvimento, em que o problema do controlo sobre ele se torna objeto de uma luta cada vez mais feroz. Além disso, podemos falar da formação de uma espécie de aliança de facto de vários Estados neste espaço, não no futuro, mas no presente.

A defesa deve apoiar-se na aplicação das tecnologias mais recentes para garantir a segurança da informação.

Para o fazer, a agência baseia-se em três princípios. O primeiro princípio é a proteção da "liberdade da Internet" e de outros instrumentos de rede. O segundo é a autorregulação numa sociedade civil aberta e numa economia de mercado. O terceiro é o incentivo à "criação de conhecimento" e à transparência.

O modelo de rede aberta e o mecanismo de "vasos comunicantes" do Estado e dos cidadãos exigem a adaptação do Estado às novas realidades da informação à escala mundial, incluindo a nível institucional. No decurso desta adaptação, é necessário não esquecer que o Estado não é apenas um objeto, mas também um sujeito ativo da utilização das novas tecnologias.

Assim, os objectivos da diplomacia digital devem ser vistos como complementares dos objectivos político-militares de liderança na esfera da informação global.

A informatização coloca também novas ameaças aos Estados líderes, aumentando a componente assimétrica dos conflitos contemporâneos e deixando vulneráveis os Estados tecnologicamente avançados. O duplo impacto das TIC na segurança internacional manifesta-se, por um lado, na sua contribuição para a democratização e, consequentemente, para a redução dos conflitos. Por outro lado, as tecnologias da informação são um instrumento conveniente para criar ameaças assimétricas e aumentar a influência política, o que resulta na provoção de novos confrontos armados.

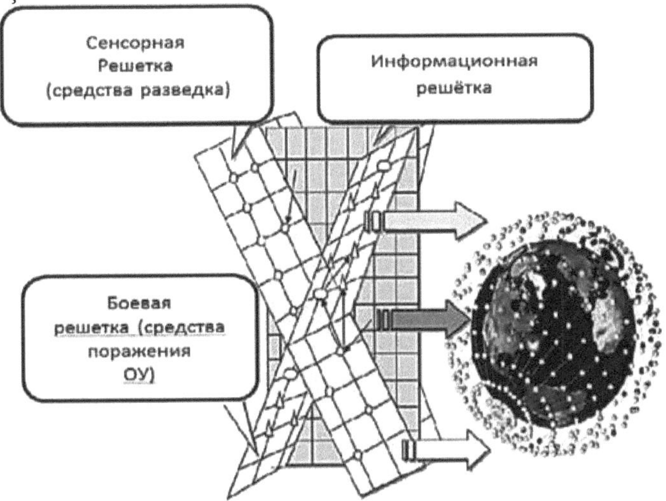

Fig.2.1 Modelo da grelha global de informação.

O paradigma centrado na rede, atualmente popular, é implementado através da funcionalidade básica dos sistemas matriciais de gestão da informação, que inclui os seguintes componentes principais: formação de um único campo de coordenadas-tempo e ligação a este de todos os elementos do sistema, agentes de informação, eventos e dados propriamente ditos; recolha e integração de informação heterogénea (num único campo de coordenadas-tempo) recebida de diferentes fontes com refinamento cruzado e adição; análise e previsão do desenvolvimento da situação no país; e análise e previsão da situação no país.

No centro desta abordagem centrada em redes está a Rede Global de Informação (GIG), (Figura 2.1.) como um conjunto de informação globalmente interligado e de ponta a ponta que é acumulado, armazenado, disseminado e distribuído a pedido dos actores políticos e militares. O GIG inclui comunicações próprias e alugadas, sistemas e serviços informáticos, software (e suas aplicações), dados, serviços de segurança, outros serviços conexos e sistemas de segurança nacional.

Nas suas actividades, os meios de comunicação social e os OCS utilizam esses princípios de seleção de material, que são pouco compatíveis com uma reportagem analítica aprofundada e impedem frequentemente a criação de uma imagem informativa do mundo que seja mais ou menos adequada à realidade. Em geral, estes princípios são formulados da seguinte forma.

1. Prioridade (real e imaginária) e atratividade do tema para os cidadãos. De acordo com este princípio, as mensagens mais frequentes dos meios de comunicação social e dos meios de comunicação social tratam de problemas como, por exemplo, a ameaça à paz e à segurança dos cidadãos, o terrorismo, as catástrofes ambientais e outras, etc.

2. A raridade dos factos. Isto significa que a informação sobre outros acontecimentos extremos - fome, guerras, crimes, etc. - domina a cobertura dos fenómenos da vida quotidiana. - dominam a cobertura dos fenómenos da vida quotidiana. Isto explica, nomeadamente, a tendência dos meios de comunicação social e dos organismos de comunicação social para a informação negativa e o sensacionalismo.

3. Novidade dos factos. As notícias que ainda não são amplamente conhecidas podem atrair mais a atenção da população. Podem ser os dados mais recentes sobre os resultados do desenvolvimento económico ou o número de desempregados, sobre a fuga para outros planetas, sobre os novos partidos políticos e os seus líderes, etc.

4. Sucesso. De acordo com este princípio, os programas e artigos incluem reportagens sobre os êxitos de líderes políticos, partidos ou Estados inteiros. É dada especial atenção aos vencedores das eleições ou das sondagens de opinião. O culto das estrelas da política, da arte e do desporto é um fenómeno típico dos meios de comunicação social e dos MC numa sociedade de mercado.

5. Estatuto público elevado. Quanto mais elevado for o estatuto da fonte de informação, mais significativa é considerada a entrevista ou o programa, uma vez que se parte do princípio de que a sua popularidade, mantendo-se todos os outros factores iguais, é diretamente proporcional ao estatuto social das pessoas que relatam a informação.

Em virtude desta regra, as pessoas que têm mais facilmente acesso aos meios de comunicação social e aos MC são as que ocupam as posições mais elevadas nas hierarquias políticas, militares, eclesiásticas ou outras: presidentes, chefes militares, ministros, etc. São-lhes dedicadas as primeiras páginas dos jornais e os principais programas de rádio e televisão. As primeiras páginas dos jornais e os principais programas de rádio e televisão são-lhes dedicados.

Assim, a diplomacia pública é uma noção generalizada que designa as actividades de vários actores, tanto governamentais como não governamentais, que se destinam a explicar ao público estrangeiro a política externa seguida por um país e a induzir um Estado estrangeiro a tomar as suas decisões de política externa na direção favorável a esses actores. Por outras palavras, a diplomacia pública é um sistema de diálogo com o público estrangeiro.

§2.2 Classificação das ameaças aos
recursos de informação
nas relações interestatais

A segurança da informação (SI) de um indivíduo, da sociedade, do Estado e dos modernos sistemas automatizados e de telecomunicações é entendida como o estado de proteção do ambiente informático correspondente aos interesses (necessidades) de um indivíduo, da sociedade e do Estado na esfera da informação, quando as suas oportunidades de formação, utilização e desenvolvimento são asseguradas independentemente da presença de ameaças internas e externas.

A segurança da informação é determinada pela capacidade do Estado (sociedade, indivíduo):

- assegurar, com uma certa probabilidade, recursos de informação e fluxos de informação suficientes e protegidos para manter a sua atividade e viabilidade, funcionamento e desenvolvimento sustentáveis;

- resistir aos perigos e ameaças da informação, aos impactos negativos da informação na consciência individual e pública e na psique das pessoas, bem como nas redes informáticas e noutras fontes técnicas de informação; desenvolver competências pessoais e de grupo e capacidades de comportamento seguro;

- manter uma disponibilidade constante para adotar medidas adequadas no confronto de informações, independentemente de quem as imponha.

A situação atual exigiu a melhoria do sistema de medidas para combater as informações estrangeiras. A luta contra as informações técnicas tornou-se uma tarefa de importância nacional e uma parte integrante do sistema global de medidas para preservar os segredos de Estado e oficiais.

Nas condições actuais, tendo em conta as ameaças consideradas à SI de um indivíduo, da sociedade e do Estado, é importante considerar os problemas e as tarefas de garantir a SI, que é parte integrante da garantia da segurança nacional de qualquer Estado da comunidade mundial numa nova fase do seu desenvolvimento - a fase de formação da sociedade da informação.

Ameaças externas, que são causadas pelo carácter competitivo do desenvolvimento das relações interestatais e internacionais. Por outro lado, existem também ameaças internas, em grande parte relacionadas com a insuficiente implementação de reformas económicas, sociopolíticas e outras no domínio da SI. O conceito de segurança nacional refere-se a estes factores como pré-requisitos para o aparecimento de ameaças. Tendo em conta estes pré-requisitos, na nossa opinião, as fontes de ameaças internas incluem:

- atraso da RUz no domínio da informatização das autoridades estatais;
- imperfeição do sistema de organização das autoridades estatais na formação e implementação de uma política estatal unificada de fornecimento de SI;
- a criminalização das relações sociais e o crescimento da criminalidade organizada;
- O aumento do terrorismo;
- agravamento das relações interétnicas e externas.

A fim de neutralizar as ameaças à informação, existe um sistema historicamente estabelecido para a preservação dos segredos de Estado, incluindo subsistemas:

- de uma rede criptográfica de comunicações confidenciais;
- combater as informações técnicas estrangeiras;
- regime de sigilo em instalações estatais fechadas.

Resumindo a breve análise das ameaças existentes às informações confidenciais, podemos distinguir duas direcções de ameaças que reduzem a segurança das informações.

A primeira, tradicionalmente desenvolvida no âmbito da proteção de informações confidenciais, representa os impactos que contribuem para o acesso não autorizado a essas informações. O segundo, desenvolvido no âmbito de uma compreensão alargada das questões relacionadas com os SI, está relacionado com a utilização de sistemas técnicos e organizacionais modernos, bem como com a participação das pessoas, das equipas de pessoas e da sociedade em geral e a sua exposição a impactos externos negativos da informação.

Assim, foi teoricamente provado e repetidamente confirmado pela prática que a psique e o pensamento humanos estão sujeitos a influências informacionais externas e, se devidamente organizados, é possível programar o comportamento humano. Além disso, recentemente, estão a ser desenvolvidos métodos e meios de penetração informática no subconsciente, a fim de ter um impacto profundo sobre ele. Por conseguinte, o problema não só da proteção da informação, mas também da proteção contra o impacto destrutivo da informação, que adquire uma escala internacional e um carácter estratégico, é urgente. Devido à mudança no conceito de desenvolvimento de armas estratégicas, que determina que a solução armada dos problemas mundiais está a tornar-se impossível, o conceito de guerra de informação está a entrar cada vez mais firmemente em uso.

Há ameaças que têm origem em hardware e software não autorizados. Essas ameaças incluem, por exemplo, a introdução de cavalos de Troia no sistema: *keyloggers, sniffer e* outros. Um keylogger é um produto de software (módulo) ou dispositivo de hardware que regista as teclas premidas no teclado de um computador e depois, por norma, envia o registo das teclas premidas para um recurso externo ao qual um atacante tem acesso. Um "sniffer" é um complexo de hardware e software concebido para intercetar o tráfego da rede com o objetivo de o analisar posteriormente. Regra geral, os keyloggers e os sniffers são instalados para identificar contas e mecanismos de autenticação para aceder a determinados recursos informáticos.

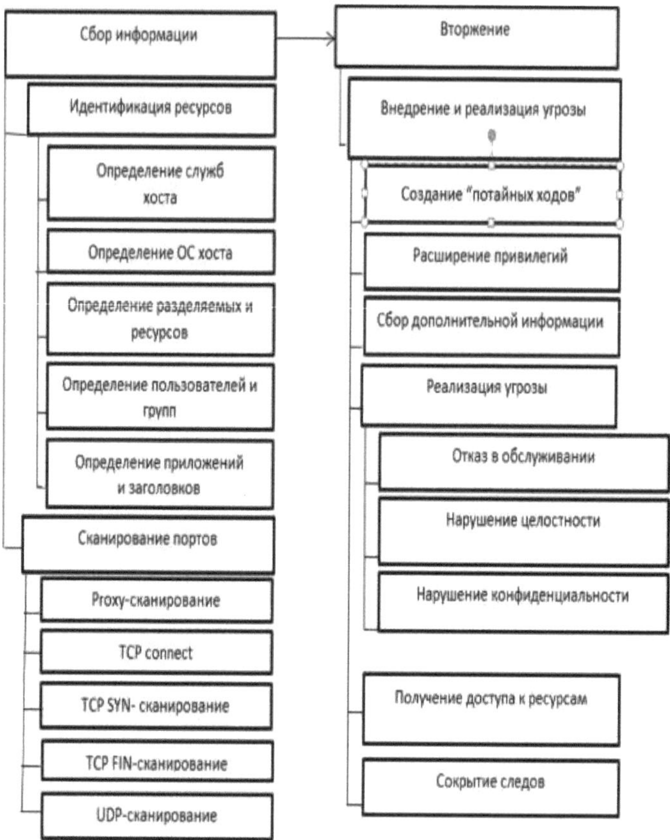

Fig.2.2 O processo de concretização da ameaça com recurso à comunicação inter-redes

A concretização da ameaça (Fig. 2.2) pode ter por objetivo a violação da confidencialidade, relevância, integridade e disponibilidade da informação (incluindo a violação dos SI ou dos seus elementos). O processo de concretização de uma ameaça consiste geralmente em quatro fases:

- recolha de informações;
- intrusão (penetração no ambiente operacional);
- acesso não autorizado;
- eliminação de vestígios de acesso não autorizado.

Durante a fase de recolha de informações, um intruso pode estar interessado numa variedade de informações sobre o IP, incluindo:

- a topologia da rede em que o sistema funciona. Isso pode envolver o exame da área em torno da rede (por exemplo, um intruso pode estar

42

interessado nos endereços de hosts confiáveis, mas menos seguros);
- sobre o tipo de sistema operativo implementado no CI;
- serviços em execução nos anfitriões, versões de software de aplicação.
A identificação dos serviços em execução nos anfitriões pode ser feita remotamente através da deteção de "portas abertas";
- sobre os sujeitos dos SI (utilizadores, administradores), os seus poderes, princípios morais e éticos, etc..;
- as políticas relacionadas com os SI aplicadas na organização em estudo (por exemplo, políticas de controlo de acesso, políticas de backup, etc.).
Uma análise dos resultados da investigação sobre as ameaças à informação permite-nos afirmar que uma das principais ameaças à segurança do Estado são as tentativas dos serviços de informações ocidentais de extrair informações confidenciais que constituem segredos de Estado, industriais, bancários e de outro tipo. Os principais países ocidentais continuam a modernizar e a desenvolver os seus serviços de informações, a melhorar as informações técnicas e a aumentar as suas capacidades.
Garantir a segurança nacional do Estado (nação) consiste em cumprir duas funções - a função de proteger um determinado objeto que contém os valores mais importantes do Estado, que são a base dos interesses vitais do indivíduo, da sociedade e do Estado, e a função de desenvolver este objeto. Ou, utilizando os termos da Estratégia de Segurança Nacional - concretizar as prioridades estratégicas nacionais. A totalidade dos interesses nacionais é apresentada na figura (Figura 2.3.).

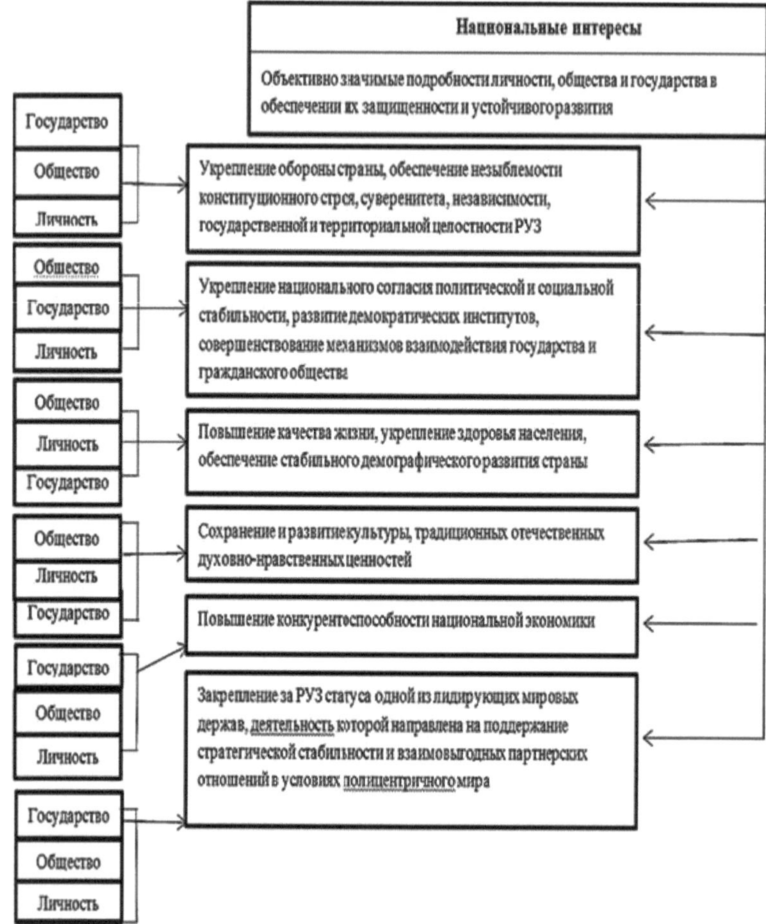

Fig.2.3 A totalidade dos interesses nacionais.

As ameaças aos interesses vitais de um indivíduo, da sociedade e do Estado podem ser condicionalmente divididas em três grupos (Figura 2.4.).

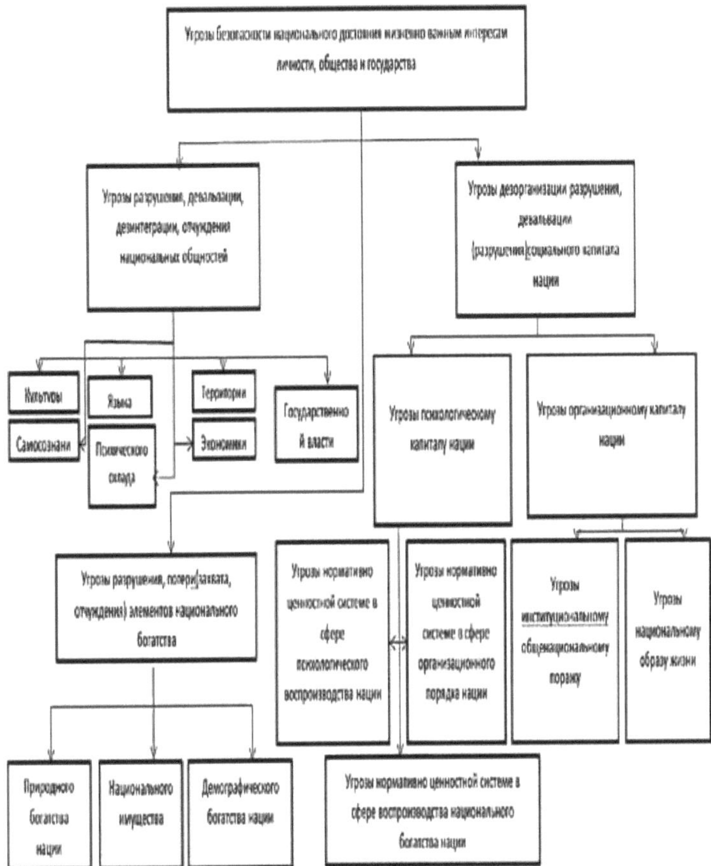

Figura 2.4. Ameaças aos interesses vitais do indivíduo, da sociedade e do Estado.

Podem ser consideradas as seguintes ameaças (Figura 2.5.):

1. Em relação às funções de garantia da segurança nacional - ameaças à segurança da existência do Estado, da sociedade e do indivíduo e ameaças à possibilidade de desenvolvimento sustentável do país, ameaças combinadas, combinando ameaças à segurança da existência do Estado, da sociedade e do indivíduo e ameaças à possibilidade de desenvolvimento sustentável do país.

2. Em relação ao objeto da segurança - externa, interna e transfronteiriça.

3. Por escala de ameaças - global, regional, local.

4. Pela natureza e génese das ameaças - naturais (naturais), antropogénicas.

Os classificadores gerais de ameaças à segurança nacional propostos podem ser completados e pormenorizados de acordo com os objectivos do estudo dos problemas de segurança nacional e dos seus elementos.

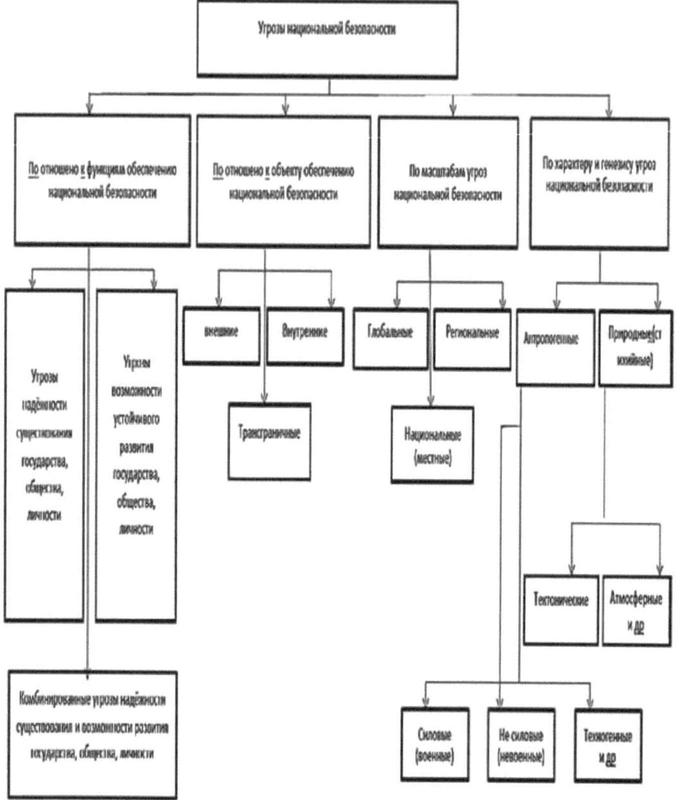

Fig.2.5 Classificação geral das ameaças à segurança nacional

Ao longo da história da humanidade, a prática de garantir a segurança de alguns Estados e povos em detrimento dos interesses e da segurança de outros gerou uma cadeia contínua de guerras e conflitos armados.

Tornou-se cada vez mais evidente que a humanidade necessita de uma nova dimensão de segurança. Nas condições actuais, já não é suficiente entender a segurança nacional como a mera capacidade física e moral-política de um Estado se proteger de fontes externas de ameaça à sua existência, pois tornou-se definitivamente claro que a garantia da segurança nacional está interligada com a garantia da segurança internacional e com a manutenção e consolidação da paz universal.

Estamos a falar de possíveis deformações do sistema de informação de massas e da disseminação de desinformação que conduzam a potenciais perturbações da estabilidade social, a danos para a saúde e a vida dos cidadãos em resultado de propaganda ou agitação que incite ao ódio e à hostilidade social, racial, nacional ou religiosa, e a actividades de seitas totalitárias que promovam a violência e a crueldade.

As armas de informação devem ser entendidas como quaisquer meios e métodos utilizados com o objetivo de danificar os recursos, processos e sistemas de informação do Estado, o impacto negativo da informação nos sistemas de defesa, de gestão, políticos, sociais, económicos e outros sistemas críticos do Estado, bem como o tratamento psicológico maciço da população com o objetivo de desestabilizar a sociedade e o Estado.

Atualmente, em vários países do "Terceiro Mundo", a visão predominante da guerra de informação é um conjunto de acções de propaganda que afectam o nível cultural e atitudinal, utilizando as oportunidades de informação proporcionadas pelos processos de globalização e acessibilidade pública dos meios de comunicação social. Estes dois pontos de vista são certamente polares e não reflectem todo o espetro de opiniões sobre a guerra da informação, mas dão uma imagem clara das diferenças significativas na perceção da estrutura dos riscos decorrentes do desenvolvimento das tecnologias da informação.

O ciberespaço não tem fronteiras e, por conseguinte, não tem Estado. E, neste caso, as questões de segurança do Estado só podem ser tratadas como questões de segurança internacional.

O objetivo do autor é identificar as razões que justificam a grande atenção dada ao problema da segurança da informação, determinar o seu lugar na estrutura da segurança no seu conjunto e analisar em que medida o sistema de direito internacional existente é capaz de fazer face às ameaças emergentes e potenciais à segurança da informação internacional.

O desenvolvimento da imagem informativa da guerra, para a qual a "gestão da perceção" é tão importante, conduz a efeitos paradoxais. Por um lado, os métodos de propaganda estão a melhorar constantemente. Por outro lado, é cada vez mais difícil obter o efeito desejado com a sua utilização, porque os meios de comunicação se tornaram tão avançados que é cada vez mais difícil utilizá-los para divulgar a informação certa e apenas na direção certa. Diversos fluxos de informação precedem o conflito e podem desempenhar um papel importante no seu desenvolvimento.

A globalização teve o mesmo efeito: enfraqueceu os Estados-nação e favoreceu a emergência de agrupamentos mais vastos nos quais a noção de direitos humanos se tornou dominante. Uma consequência importante da globalização foi o desaparecimento gradual de antigas fontes de conflito, em especial os conflitos sobre reivindicações de território e de riquezas naturais.

Na guerra de informação, temos de pensar cada vez mais não em questões de estratégia ou de conquista de território, mas nas componentes de informação da guerra, porque hoje em dia este aspeto da violência organizada está a tornar-se crítico.

Na guerra, a componente informação está a ganhar muito mais peso, o seu papel está a tornar-se mais claro e o seu âmbito de utilização é mais vasto do que na era da guerra industrializada. A informação permeia toda a estrutura da máquina de guerra, quer se trate da utilização de satélites para monitorizar os adversários, de computadores que armazenam dados e avaliam as necessidades de qualquer exército, ou de armas "inteligentes" que são programadas de modo a que a única coisa a fazer seja "disparar e esquecer". Assim, a informação já não é apenas uma preocupação dos serviços secretos que recolhem informações sobre o inimigo e os seus recursos, está agora incorporada nas próprias armas e nos sistemas que tomam decisões.

Certos tipos de influência informativo-psicológica, dirigidos à população no seu conjunto ou a indivíduos, estratos e grupos sociais específicos, partidos e movimentos políticos, são susceptíveis de perturbar gravemente as actividades normais e vitais das instituições sociais, das estruturas estatais, das organizações públicas, das associações de cidadãos e dos indivíduos.

Para este efeito, armas muito diferentes podem atuar como armas de informação: armas de alta precisão para derrotar órgãos de controlo ou meios radio-electrónicos separados, meios de guerra eletrónica (REB), fontes de impulsos electromagnéticos potentes, vírus de software, etc.

As armas informáticas podem ser divididas em três categorias por tipo de impacto: armas baseadas nas tecnologias da informação, armas baseadas na energia e armas químicas.

Exemplos de armas de informação baseadas na energia são:

- Munições teleguiadas de alta precisão, incluindo mísseis de cruzeiro especializados e drones de ataque;
- meios de supressão radioelectrónica forçada, geradores de micro-ondas de alta potência, meios de influência forçada através de redes eléctricas;
- equipamento de guerra eletrónica terrestre e aéreo, transmissores de interferência;
- geradores especiais de radiação que afectam a psique humana.

A utilização da tecnologia da informação como arma de informação é considerada a mais prometedora. As tecnologias da informação são parte integrante das munições de alta precisão, uma vez que a sua orientação é fornecida por sistemas de localização e reconhecimento visual, radar e outros dispositivos de desmascaramento. Por conseguinte, é razoável considerar estes subsistemas funcionais também como armas de informação.

As fontes de ameaças à segurança internacional da informação incluem:

- a presença de países que lutam pelo domínio na esfera global da informação, intensificando a concorrência internacional pela posse de recursos tecnológicos e de informação e dos seus mercados;
- actividades activas de comunidades, organizações e grupos terroristas internacionais e outros grupos criminosos;
- a persistência do fosso tecnológico entre as principais potências mundiais, agravando a dependência dos países com menor nível de desenvolvimento da aquisição de equipamento estrangeiro para assegurar o funcionamento das suas infra-estruturas críticas e aumentando a capacidade dos monopolistas para impedir a criação de tecnologias da informação modernas e competitivas a nível nacional;
- "corrida aos armamentos" na esfera da informação, o desenvolvimento da ciência militar no sentido do desenvolvimento e da adoção pelos Estados de conceitos de "guerras de informação", a criação de meios de impacto destrutivo nas esferas de informação de outros países do mundo, a perturbação do funcionamento normal dos sistemas de informação e de telecomunicações, a preservação dos recursos de informação ou a obtenção de acesso não autorizado aos mesmos, bem como a imposição de informação.

A clarificação da natureza do comportamento associado à utilização de meios de informação de influência e qualificado como uma violação do princípio do não uso da força e, ao mesmo tempo, como um motivo para a auto-defesa e medidas coercivas, está relacionada com a formulação na Definição de Agressão dos critérios, cuja presença em casos específicos do uso da força.

Assim, qualquer utilização de meios de informação para fins destrutivos num conflito interestatal pode ser qualificada como um ato de agressão, independentemente da via e do território a partir do qual foi cometida. Além disso, a utilização do território de um Estado terceiro para estes fins implica apenas a sua participação no conflito, mas não a transferência da responsabilidade pela agressão para esse Estado.

§2.3 Classificação das informações confidenciais
Recursos de objectos na
segurança
das informações interestatais

O resultado mais importante da formação da sociedade da informação na viragem do século foi a emergência do espaço global da informação, no qual se desenvolveu uma luta feroz pela conquista da superioridade da informação. A segurança da informação e do ambiente informático é um fator que influencia ativamente a segurança nacional dos Estados. Ao mesmo tempo, os ataques às infra-estruturas críticas dos Estados estão a tornar-se cada vez mais sofisticados. O número de casos em que as TIC são utilizadas para difundir as ideias do extremismo e do terrorismo e para cometer crimes transfronteiriços que envolvem a violação dos direitos humanos e das liberdades está a aumentar em todo o mundo.

O espaço da informação e o ciberespaço estão gradualmente a tornar-se praticamente uma "zona de guerra". O problema da segurança da informação tornou-se uma questão global devido à possibilidade real de utilizar as potencialidades das mais recentes TIC para garantir a superioridade militar e política, o confronto forçado e a chantagem.

A segurança da informação é atualmente uma componente crítica da segurança nacional, regional e internacional.

No mundo de hoje, tudo é dialético, pelo que os factores sociais, culturais e económicos negativos (cibercriminalidade, ciberterrorismo, guerras de informação, etc.) estão a tornar-se um efeito secundário do progresso tecnológico, com a desigualdade de informação e digital, a insegurança jurídica e a impunidade a servirem de terreno fértil. A fim de prosseguir o desenvolvimento progressivo da sociedade da informação, é necessário assegurar uma resposta eficaz às ameaças de utilização das modernas tecnologias da informação para perturbar a paz e a segurança, cometer crimes, preparar e executar actos terroristas e difundir a ideologia terrorista na prática da resolução das contradições do desenvolvimento social. Devido à natureza transfronteiriça das ameaças à segurança da informação, este trabalho deve ser efectuado tanto a nível nacional como do ponto de vista da cooperação internacional (regional).

O modelo de referência básico da interconexão de sistemas abertos (OSI) é utilizado para a interação entre SI. O modelo OSI divide os meios de interação em sete camadas (quadro 1). Cada camada trata de um aspeto muito específico da interação dos dispositivos de rede. O modelo OSIoπucbiβaeτ trata apenas das comunicações do sistema e não das aplicações do utilizador final. As aplicações implementam os seus próprios protocolos de comunicação fazendo referência aos recursos do sistema. Ao fazê-lo, uma aplicação pode assumir as funções de algumas das camadas superiores do modelo OSI. Neste caso, quando a interligação é necessária, acede diretamente às ferramentas do sistema que executam as funções dos níveis inferiores do modelo OSI.

Tabela 2.1. Níveis do modelo OSI

Tipo de dados	Camada	Funções
Dados	7. Aplicação	Funcionamento dos serviços de aplicação
	6. Representante (apresentação)	Representação e encriptação de dados
	5. Sessão (sessão)	Gestão de sessões
Segmentos	4. transporte transporte)	Ligação direta entre pontos finais e fiabilidade
Pacotes	3. Rede	Definição de rotas e endereçamento lógico
Pessoal	2. Canal (ligação de dados)	Endereçamento físico
Bits	1. Físico	Trabalhar com meios de transmissão, sinais e dados binários

De acordo com as normas do modelo OS1, os protocolos devem comunicar com protocolos do seu próprio nível ou com protocolos de uma unidade acima e/ou abaixo do seu nível. As interações com protocolos no seu próprio nível são designadas horizontais e as interações com protocolos um nível acima ou um nível abaixo são designadas verticais. Os protocolos do modelo OSI não podem executar as funções de protocolos de outro nível. Note-se que esta regra não é aplicada em versões alternativas dos modelos de funcionamento da Internet.

A clarificação do conteúdo do conceito de "segurança da informação" é facilitada pela sua decomposição por componentes: objeto e finalidade, o que nos permite considerar cada um dos elementos. O elemento "informação" caracteriza o fenómeno em estudo como estando relacionado com a esfera da informação. O elemento "segurança" fornece uma caraterística qualitativa do estado das relações sociais, determinando que não há (ou não há influência) um impacto destrutivo externo não declarado no seu desenvolvimento. São possíveis diferentes formas de atingir este estado:
- "resistência às ameaças" das relações - ou seja, a sua propriedade de não serem sujeitas a alterações quando estão expostas a ameaças (imunidade);
- "proteção contra ameaças" (conseguida através da criação de um subsistema separado que previne, detecta e suprime o impacto destrutivo das ameaças nas relações sociais "básicas");
- "invulnerabilidade" - desenvolvimento em condições de incompatibilidade a priori com o ambiente de concretização da ameaça.
A primeira abordagem baseia-se na compreensão objetiva da segurança da informação como uma manifestação da natureza essencial da informação para preservar a estabilidade das suas propriedades sob várias influências negativas (função de autorregulação). Neste contexto, a segurança da informação é entendida como a garantia de um desenvolvimento sustentável das instituições de base. Esta abordagem pode ser designada por "imune", que pressupõe a modelação da adaptabilidade do sujeito às mudanças ambientais como principal método de implementação. Neste sentido, garantir a segurança da informação é "um complexo permanente de serviços e condições jurídicas, organizacionais, tecnológicas e técnicas que criam um funcionamento seguro de todos os meios de segurança da informação".
O principal objetivo do projeto é desenvolver uma infraestrutura de informação e a interação entre os sistemas de informação das autoridades estatais, da autonomia local, das estruturas da sociedade civil e da economia, e concretizar os direitos dos cidadãos no espaço de informação do Estado e nos sistemas de informação globais, incluindo a Internet".
A segunda abordagem baseia-se no reconhecimento da natureza subjectiva da segurança da informação. Neste caso, a segurança da

informação tem por objetivo criar uma barreira entre os interesses e as ameaças aos interesses de sujeitos específicos das relações. O entendimento subjetivo da segurança da informação constitui a base da atividade, do valor (axiológico) e de outras definições de segurança da informação como um derivado dos interesses nacionais. A abordagem acima referida pode ser designada por "defensiva". O principal método para garantir a segurança da informação neste caso é o método do regime, que prevê a construção de um sistema de regulamentação do comportamento dos sujeitos das relações.

A terceira abordagem baseia-se na definição de segurança da informação como uma atividade destinada a eliminar ameaças emergentes em diferentes fases da sua origem e desenvolvimento. Neste caso, a segurança da informação tem por objetivo identificar e neutralizar as ameaças e as suas fontes e pode ser considerada uma atividade "ofensiva". Os métodos analíticos e de prognóstico e prevenção para garantir a segurança da informação são considerados os métodos fundamentais. No âmbito desta abordagem, a segurança da informação é assegurada por um subsistema alvo específico.

A quarta abordagem pode ser considerada a definição de segurança da informação como a criação de condições em que as ameaças não afectam de todo os interesses protegidos. Esta condição duvidosa em termos de exequibilidade para as relações sociais permite-nos, no entanto, considerar esta definição no aspeto da segurança da informação juntamente com outras, devido à condicionalidade técnica e tecnológica desta esfera das relações sociais.

De facto, a possibilidade de transferir as relações para um ambiente artificial e tecnológico está agora fora de dúvida. Consequentemente, este ambiente pode ser concebido para se antecipar às ameaças.

A ciência formou um conceito dominante de construção sistémico-estrutural da garantia da segurança da informação, que permite definir o seu conteúdo categórico: direitos e interesses dos sujeitos das relações - ameaças à realização dos interesses atribuídos - medidas para contrariar as ameaças - segurança dos interesses. O suporte jurídico da segurança da informação, implementado no sistema de actos jurídicos (incluindo legislação modelo), destina-se a transferir o sistema de relações do plano teórico para o plano prático.

As principais limitações no domínio da segurança da informação são as seguintes

1) proibições de divulgação de informações de carácter extremista, de

conteúdo pornográfico; informações que promovam o culto da violência e da crueldade, que contenham apelos ao derrube violento da ordem constitucional, que contenham apelos à organização ou realização de motins em massa, que apelem à organização ou realização ilegal de eventos de massa; proibições de divulgação de informações que contenham informações susceptíveis de serem utilizadas para causar danos à saúde ou violar a segurança pública, incluindo informações susceptíveis de serem utilizadas para a organização ou realização de eventos de massa

2) proibições de recolha de informações que contenham o segredo da vida privada de uma pessoa, dados pessoais de um cidadão, informações oficiais de divulgação limitada (segredo oficial), segredo comercial, segredo profissional; proibições de recolha de informações que constituam segredos de Estado, outras informações para as transferir para um Estado estrangeiro, uma organização estrangeira ou um seu representante em detrimento da segurança nacional do Estado;

3) proibições de utilização, em violação dos direitos dos seus proprietários, de informações que constituam objectos de direitos de autor e direitos conexos, de direitos de propriedade industrial, bem como de utilização de programas informáticos maliciosos;

4) proibições de restringir o livre fluxo de informações, incluindo a restrição da divulgação de informações publicamente disponíveis e o exercício da censura.

Os recursos de informação alojados em sistemas de telecomunicações abertos têm caraterísticas intrínsecas que, em grande medida, anulam a sua acessibilidade e anonimato, complicam as possibilidades de controlo, etc. Tudo isto permite que os terroristas, grupos terroristas ou outras organizações similares modifiquem as formas clássicas de atividade terrorista e cria a possibilidade de os utilizar para levar a cabo infracções terroristas e outras manifestações ilegais. Tudo isto permite que os terroristas, os grupos terroristas ou outras organizações similares modifiquem as formas clássicas de atividade terrorista e cria a possibilidade de os utilizar para cometer infracções terroristas e outras manifestações ilegais susceptíveis de ameaçar a integridade dos Estados e desestabilizar a situação internacional.

O fenómeno dos segredos de Estado (segredos de Estado) é uma realidade objetiva na esfera das relações interestatais. Os ataques aos segredos de Estado nos Estados desenvolvidos são considerados infracções contra os fundamentos da ordem constitucional e da segurança do Estado.

Pela sua natureza, o segredo não é um fenómeno sócio-jurídico simples e contraditório. Na interpretação jurídica, um segredo é uma informação cujo acesso é restrito. O segredo de Estado é a parte da informação que é excluída da livre circulação. Limita os direitos constitucionais dos cidadãos, os interesses nos domínios científico, económico e outros e conduz a um conflito de interesses, em que a prioridade é dada aos interesses da segurança do Estado.

Nas condições actuais, é previsível a perspetiva de reformar a instituição dos segredos de Estado, rever o seu lugar no sistema de garantia da segurança nacional e rever os métodos da sua prestação. Há várias formas de sair da situação atual:

- Emprestar a plataforma concetual-jurídica para a proteção dos segredos de Estado (sigilo) de outros países (blocos);
- elaboração de uma plataforma internacional universal para a proteção dos segredos de Estado (sigilo);
- o desenvolvimento de mecanismos nacionais de proteção dos segredos de Estado (sigilo) dos Estados com base no intercâmbio de métodos e experiências e, consequentemente, o desenvolvimento de mecanismos jurídicos internacionais de proteção dos segredos de Estado (sigilo).

O conceito de "segredo de Estado" é definido como "informação protegida pelo Estado no domínio militar, da política externa, económico, das informações, da contraespionagem e das actividades operacionais e de investigação, cuja divulgação pode prejudicar a segurança".

Segredo oficial - informação com a natureza de dados separados que podem fazer parte de um segredo de Estado, cuja divulgação ou perda pode causar danos aos interesses nacionais do Estado, aos interesses de organismos e organizações estatais. Às informações que constituem um segredo de Estado são atribuídos os graus de sigilo "de especial importância" e "ultrassecreto". Às informações que constituem um segredo de Estado é atribuída a classificação de "secreto".

Na esfera social, existe um perigo crescente de desenvolvimento de uma ideologia de consumo agressiva na sociedade, de comercialização total da cultura, de disseminação de ideias de violência e intolerância e de impacto destrutivo na psique das pessoas. Por este motivo, o desenvolvimento progressivo e sustentável dos Estados só é possível se for assegurado um nível adequado de segurança da informação e de combate às fontes de ameaças na esfera da informação.

À luz das actuais tendências globais de desenvolvimento social, a utilização das tecnologias da informação e da comunicação está a tornar-se a principal ameaça no domínio da segurança da informação internacional:

а) como arma de informação para fins político-militares contrários ao direito internacional;

б) levar a cabo acções hostis e actos de agressão destinados a desacreditar a soberania, a violar a integridade territorial dos Estados e a constituir uma ameaça para a paz internacional, a segurança e a estabilidade estratégica;

в) para fins terroristas, incluindo o impacto destrutivo em elementos de infra-estruturas críticas da informação, bem como para a propaganda de ideias terroristas e o envolvimento de novos actores em actividades terroristas;

г) interferir nos assuntos internos de Estados soberanos, perturbar a ordem pública, incitar ao ódio inter-étnico, inter-racial e inter-confessional, propagar ideias ou teorias racistas e xenófobas geradoras de ódio e discriminação e incitar à violência;

д) cometer infracções, incluindo as relacionadas com o acesso ilegal a informações informáticas e a criação, utilização e distribuição de programas informáticos maliciosos.

A segurança internacional da informação é definida nos Fundamentos como o estado do espaço global da informação que exclui a possibilidade de violação dos direitos dos indivíduos, da sociedade e do Estado na esfera da informação, bem como a possibilidade de influência destrutiva e ilegal sobre elementos da infraestrutura crítica da informação de um determinado Estado.

O sistema de segurança internacional da informação foi concebido para combater as ameaças à estabilidade estratégica e promover uma parceria estratégica equitativa no espaço global da informação, o que exige as seguintes tarefas

а) formação de um sistema internacional de segurança da informação a vários níveis (bilateral, multilateral, regional e mundial);

б) Criar condições que reduzam o risco de utilização das TIC para levar a cabo acções hostis, actos de agressão, desacreditar a soberania e violar a integridade territorial dos Estados, constituindo assim uma ameaça à paz internacional, à segurança e à estabilidade estratégica;

в) Criação de mecanismos de cooperação internacional para combater as ameaças de utilização das TIC para fins terroristas;

г) Criar condições para combater as ameaças das TIC para fins extremistas, bem como a interferência nos assuntos internos de Estados soberanos;

д) Aumentar a eficácia da cooperação internacional na luta contra a criminalidade informática;

e) Criar condições para garantir a soberania tecnológica dos Estados no domínio das TIC e superar a desigualdade de informação entre os países em desenvolvimento e os países desenvolvidos.

§2.4 Métodos para garantir a segurança da informação
nas relações interestatais

Os métodos gerais para garantir a segurança da informação dividem-se em jurídicos, técnico-organizacionais e económicos.

Os métodos jurídicos para garantir a segurança da informação incluem o desenvolvimento de actos jurídicos normativos que regulam as relações na esfera da informação e documentos metodológicos normativos sobre questões de segurança da informação.

Os métodos organizacionais e técnicos para garantir a segurança da informação são:

- criação e melhoria do sistema de segurança da informação;

- desenvolvimento, utilização e melhoria dos meios de proteção da informação e dos métodos de controlo da eficácia desses meios, desenvolvimento de sistemas de telecomunicações seguros e melhoria da fiabilidade de software especial;

- criação de sistemas e meios para impedir o acesso não autorizado às informações tratadas e aos efeitos especiais que causam a destruição, a inutilização e a distorção das informações;

- identificação de dispositivos e programas técnicos que representem um perigo para o funcionamento normal dos sistemas de informação e de telecomunicações;

- certificação dos meios de proteção da informação, licenciamento das actividades no domínio da proteção dos segredos de Estado, normalização dos métodos e meios de proteção da informação;

- controlo das acções do pessoal nos sistemas de informação protegidos, formação no domínio da segurança da informação;

- formação de um sistema de acompanhamento dos indicadores e das caraterísticas da segurança da informação do país nas esferas mais importantes da vida e das actividades da sociedade e do Estado.

Os métodos económicos de segurança da informação incluem:

57

- desenvolver programas de segurança da informação e determinar o procedimento para o seu financiamento;

- melhoria do sistema de financiamento dos trabalhos relacionados com a aplicação de métodos jurídicos e técnico-organizativos de proteção da informação e criação de um sistema de segurança da informação de pessoas singulares e colectivas. A política estatal de garantia da segurança da informação determina as principais direcções de atividade das autoridades estatais e dos organismos governamentais neste domínio, o procedimento de fixação das suas obrigações de proteção dos interesses do país na esfera da informação no âmbito das suas áreas de atividade e baseia-se na observância do equilíbrio dos interesses do indivíduo, da sociedade e do Estado na esfera da informação.

Princípios gerais de organização da proteção de informações confidenciais aplicados no desenvolvimento de sistemas de proteção:
- Continuidade;
- Suficiência;
- Abrangência;
- Coerência;
- Eficiência;

As medidas para combater as ameaças à segurança incluem medidas legais, morais e éticas, tecnológicas, físicas e técnicas.

Todas estas tarefas ajudam a atingir os objectivos de deteção atempada da ameaça, prevenção operacional, neutralização ou supressão, contenção da ameaça, repelir o ataque e destruir a ameaça.

Ao proteger a informação acústica, é necessário escolher as condições mais favoráveis para a localização das instalações protegidas, estabelecer a extensão da área controlada, limitar a admissão de empregados nas instalações protegidas, realizar inspecções especiais tanto das instalações protegidas como dos meios técnicos nelas localizados. Além disso, é possível aplicar sistemas de proteção da informação, isolamento acústico e vibratório, blindagem, utilização de meios técnicos certificados, localização dos cabos de ligação dentro da zona controlada, desconexão dos meios técnicos da linha e da alimentação eléctrica.

São igualmente utilizados meios activos e passivos de proteção da informação vocal.

Os activos incluem:
- Geradores de ruído vibro-acústico;

- Geradores de ruído eletromagnético (baixa frequência, alta frequência);

As passivas incluem:

- Isolamento acústico e vibratório;
- Estruturas de proteção;
- filtros;
- Dispositivos de isolamento galvânico e de desconexão.

Para proteger a informação de voz contra fugas devido ao VTSS, são utilizadas a filtragem do sinal, o cancelamento do ruído e a desconexão do circuito de propagação do sinal.

Os meios técnicos de proteção incluem hardware, software e meios criptográficos de proteção, que impedem a possibilidade de um ataque, ajudam a detetar o facto da sua ocorrência e eliminam as consequências do ataque.

Os meios técnicos dos subsistemas de segurança dos modernos sistemas de informação distribuídos desempenham as seguintes funções principais

- Autenticação dos parceiros de comunicação para garantir que o parceiro é autêntico quando estabelece uma ligação;
- Autenticação da fonte de informação para verificar a autenticidade da fonte da mensagem;
- controlo do acesso para proteger contra a utilização não autorizada dos recursos;
- a confidencialidade dos dados, que protege contra a aquisição não autorizada de informações;
- Integridade dos dados, que permite detetar e, em alguns casos, impedir a alteração de informações durante o seu armazenamento e transmissão;
- afiliação, que prova que a informação pertence a uma determinada pessoa.

Os seguintes mecanismos são utilizados para realizar as funções acima referidas:

- cifragem, que converte a informação numa forma que não pode ser compreendida por utilizadores não autorizados;
- Uma assinatura digital eletrónica que transfere as propriedades de uma assinatura real para documentos electrónicos;
- Mecanismos de controlo de acesso que gerem o acesso aos recursos do utilizador com base em informações como bases de dados de controlo de acesso, palavras-passe, etiquetas de segurança, tempo

de acesso, rota de acesso, duração do acesso;
- mecanismos de controlo da integridade que controlam a integridade tanto de uma única mensagem como de um fluxo de mensagens, utilizando somas de verificação, etiquetas especiais, números de sequência de mensagens e métodos criptográficos;
- Mecanismos de autenticação que decidem se um utilizador é quem afirma ser com base em palavras-passe, dispositivos de autenticação ou dados biométricos apresentados pelo utilizador;
- mecanismos de aumento de tráfego que acrescentam informações adicionais ao fluxo de mensagens, "mascarando" informações úteis para o atacante;
- Mecanismos de autenticação que servem para autenticar a fonte de informação.
A fase moderna de desenvolvimento deste problema é caracterizada por uma transição da sua representação tradicional como um problema de proteção da informação para um entendimento mais amplo - o problema da segurança da informação, que consiste na sua solução complexa em duas direcções principais.
A primeira é a proteção dos segredos de Estado e das informações confidenciais, que garante principalmente a impossibilidade de acesso não autorizado aos mesmos. Por outro lado, entende-se por informações confidenciais as informações de acesso limitado de carácter público (segredos comerciais, segredos de partido, etc.).
A segunda área inclui a defesa contra a informação, que recentemente adquiriu um âmbito internacional e um carácter estratégico. Existem três domínios principais de defesa contra as chamadas armas de informação (influência):
- sobre sistemas e instalações técnicas;
- Sociedade;
- a psique humana.
De acordo com esta abordagem, são especificados e completados conjuntos de ameaças à informação, funções e classes de tarefas de proteção da informação.
Todos os métodos de defesa, de acordo com a documentação de orientação, estão divididos em dois grupos, como a dissimulação e a desinformação.
O grupo oculto inclui:
- Ocultação passiva - consiste em excluir ou dificultar significativamente a deteção de objectos;

- dissimulação ativa - na criação de meios técnicos de reconhecimento que mascarem interferências sonoras de natureza física diversa e situações falsas através de campos físicos;
- proteção especial - consiste na codificação de conversas telefónicas, na codificação de informações digitais por métodos criptográficos, em métodos de software de modificação de informações.

O grupo da desinformação inclui:

- desinformação técnica;
- imitação;
- Legendagem.

Os princípios da engenharia de segurança da informação incluem:

- proteção do sigilo das informações;
- fiabilidade da proteção da informação;
- continuidade da defesa;
- racionalidade da defesa;
- aplicação integrada de vários métodos e meios de defesa;
- diversidade de defesas;
- defesa eficaz em termos de custos.

Tipos de proteção da informação contra fugas através de canais técnicos.

São utilizados vários meios para proteger a informação contra fugas e reduzir as ligações parasitárias através de canais técnicos:

Blindagem das ondas electromagnéticas.

A blindagem é a localização da energia electromagnética num determinado espaço, bloqueando a sua propagação.

Um filtro de isolamento é um dispositivo que limita a propagação de interferências em fios comuns à fonte e ao recetor da interferência.

A utilização de ecrãs de qualidade permite resolver muitos problemas, incluindo a proteção da informação em instalações e canais técnicos, a compatibilidade electromagnética de equipamentos e dispositivos quando utilizados em conjunto, a proteção do pessoal contra níveis elevados de campos electromagnéticos e a garantia de condições ambientais seguras em torno de instalações eléctricas e dispositivos de micro-ondas em funcionamento.

Segurança dos sistemas de cablagem de fibra ótica.

Fibra ótica - é um vidro comum que transmite energia electromagnética na gama de comprimentos de onda dos infravermelhos. Não há praticamente nenhuma radiação para o exterior. A captação efectiva de informação só é possível através de uma ligação física direta à linha de fibra ótica. Mas se a WOSPI for considerada como um sistema no seu todo, contendo estações de trabalho, placas de interface, servidores, hubs e outros dispositivos activos de rede, que são eles próprios uma fonte direta de radiação, o problema da fuga de informação torna-se relevante. Por conseguinte, ao decidir sobre a utilização de sistemas de cablagem de fibra ótica (FOCS), este fator não pode ser ignorado.

Para além das caraterísticas comuns enumeradas, os cabos de fibra ótica de diferentes modelos podem ter fitas de ligação adicionais, enrolamentos anticorrosivos e à prova de água, bainhas metálicas onduladas, etc.

Métodos criptográficos de proteção da informação.

O método de transformação num sistema criptográfico corresponde à utilização de um algoritmo especial. A ação desse algoritmo é desencadeada por um número único (uma sequência de bits), normalmente designado por chave de cifra.

Para a maioria dos sistemas, o circuito gerador de chaves pode ser um conjunto de instruções e comandos, ou uma peça de hardware, ou um programa de computador, ou todos estes juntos, mas em qualquer caso o processo de encriptação (desencriptação) é implementado apenas por esta chave especial. Para que a troca de dados cifrados seja bem sucedida, tanto o emissor como o recetor precisam de conhecer a definição correta da chave e mantê-la secreta.

Os sistemas de criptografia assimétricos, também designados por sistemas de chave pública, são considerados os sistemas de proteção de dados criptográficos mais promissores atualmente. A sua essência é que a chave utilizada para a cifragem é diferente da chave de decifragem. A chave de cifragem não é secreta e pode ser conhecida por todos os utilizadores do sistema. No entanto, não é possível efetuar a desencriptação utilizando uma chave de desencriptação conhecida. É utilizada uma chave especial e secreta para a desencriptação. O conhecimento da chave pública não permite que a chave secreta seja determinada. Assim, apenas o destinatário da mensagem, que possui esta chave secreta, pode decifrar a mensagem.

São conhecidos vários sistemas de criptografia de chave pública. O mais desenvolvido atualmente é o sistema RSA. O RSA é um sistema de utilização colectiva, em que cada utilizador tem as suas próprias chaves para encriptação e desencriptação de dados, sendo que apenas a chave de desencriptação é secreta.

Os métodos de proteção da informação que utilizam a holografia são uma direção atual e em desenvolvimento. A holografia é uma secção da ciência e tecnologia que se dedica ao estudo e à criação de métodos e dispositivos de registo e processamento de ondas de natureza diferente. A holografia ótica baseia-se no fenómeno da interferência de ondas. A interferência das ondas é observada na distribuição das ondas no espaço e na distribuição espacial lenta da onda resultante. O padrão que surge na interferência das ondas contém informação sobre o objeto. Se este padrão for fixado numa superfície fotossensível, forma-se um holograma. Quando o holograma ou a sua secção é irradiado com uma onda de referência, pode ser vista uma imagem tridimensional do objeto. A holografia é aplicável a ondas de qualquer natureza e, atualmente, encontra cada vez mais aplicações práticas para a identificação de produtos de vários fins.

Meios de garantir a segurança da informação na Internet.

A segurança baseia-se em sistemas de encriptação com um par de chaves (pública e privada). A chave pública está disponível para muitas pessoas no processo de encriptação da informação que será enviada para o detentor deste par de chaves. Além disso, ao utilizar a chave pública, os utilizadores podem desencriptar a informação que recebem do detentor da chave. A chave privada só deve estar disponível para o seu proprietário, que a pode utilizar para desencriptar mensagens encriptadas com a chave pública. A chave privada também pode ser utilizada para encriptação.

O método de assinatura digital garante que o remetente é autêntico e que a mensagem não foi adulterada. Uma mensagem cacheada e encriptada com chave privada (digest) é transmitida juntamente com a mensagem original. O destinatário decifra o resumo com a chave pública e gera a cache. Se os resumos forem idênticos, a mensagem foi efetivamente enviada pelo proprietário da chave e não foi modificada durante a transmissão. Assim, o resumo cifrado da mensagem serve como assinatura digital. Os dois algoritmos de derivação de resumos (MDA) mais utilizados são os seguintes MD5, desenvolvido pelos Laboratórios RSA, gera um resumo de 128 bits; SHA-1 (Secure Hash Algorithm), desenvolvido pelo NIST (National Institute of Standards and Technonlogy) e pela NSA (National Security Agency), gera um resumo de 160 bits.

Um sistema de chave pública fornece autenticação por chave, mas não garante que a chave pertença a um proprietário específico. Certificado - um documento digital que certifica que uma determinada chave pertence a uma determinada pessoa (organização, servidor).

§2.5 Métodos para proteger
as infra-estruturas críticas
da informação

Vários sistemas de informação estão já a armazenar e a processar quantidades significativas de informação, incluindo a relacionada com questões de política de Estado e de defesa, com as esferas financeira e científica e técnica e com a vida privada dos cidadãos.

Ao mesmo tempo, podem ser igualmente perigosos os ataques criminosos, terroristas e de serviços de informação perpetrados por indivíduos, comunidades, serviços de informação estrangeiros e organizações.

Na prática internacional, as categorias de infra-estruturas críticas da informação (ICI) que constam das classificações da grande maioria dos Estados incluem geralmente:

- instalações nucleares;
- redes eléctricas, instalações de produção e distribuição de energia;
- sistemas de transporte: aviação, caminhos-de-ferro, estradas, etc;
- instalações de produção e armazenamento de produtos agrícolas, bem como de abastecimento alimentar;
- administração pública e instalações de comunicações governamentais;
- instalações do complexo de combustíveis e energia (FEC - heat and energy complexes), incluindo complexos de petróleo e gás;
- sistemas básicos de telecomunicações, redes, hardware e software e sistemas de comunicação;
- Instalações OPK (OPK - Experimental Isolation Complexes) (instalações quimicamente perigosas);
- sector financeiro e do crédito;
- abastecimento de água e abastecimento de água;
- Cuidados de saúde.

Os ambientes de informação e de telecomunicações podem ser distinguidos como parte da ICI.

O ambiente de informação da ICI é um conjunto de recursos informáticos e de informação que constituem o ACS das instalações críticas. Neste caso, os recursos informáticos são constituídos por um conjunto de redes locais, outros equipamentos informáticos e software que descrevem métodos e técnicas de automatização do tratamento da informação e podem ser utilizados para organizar a computação distribuída (por exemplo, para a descodificação de códigos cifrados, a modelização de processos sociais e físicos complexos).

O ambiente de telecomunicações da KII é constituído por um conjunto de dispositivos de telecomunicações; linhas de comunicação e equipamento de formação de canais; sistemas de protocolos abertos para a troca de informações entre dispositivos de telecomunicações; um sistema global de endereços digitais e nomes de domínio (identificadores digitais); software que implementa métodos, algoritmos e processos de comunicação de telecomunicações com base em protocolos de interação de redes informáticas locais e fornece acesso a redes informáticas locais e outros meios de comunicação autónoma.

Tendo em conta as principais tarefas do desenvolvimento do sistema internacional de segurança da informação, podem distinguir-se os seguintes grupos principais de relações internacionais:

Definir as fronteiras das ICI nacionais na infraestrutura global de informação e comunicação;

consolidação dos sinais de incidentes informáticos nos sistemas de controlo automatizado do KVO;

a cooperação internacional no domínio da resposta a incidentes informáticos no âmbito do KVO.

Nos últimos anos, os peritos ocidentais, reconhecendo a possibilidade de uma ameaça direta de ataques nucleares no território dos Estados Unidos, da Europa Ocidental e do Japão, têm prestado especial atenção à avaliação do impacto nas instalações vitais dos seus países por meios não nucleares e às possíveis consequências desses impactos nas esferas política, económica, ambiental e outras da atividade do Estado. É óbvio que, nas condições do atual desenvolvimento extremamente intensivo das infra-estruturas dos principais países estrangeiros, existem muitas das chamadas instalações críticas, tais como grandes estruturas hidráulicas, oleodutos, gasodutos e oleodutos, redes de centrais nucleares, pontos de armazenamento de reservas estratégicas de petróleo e gás, indústrias químicas nocivas, centros de transporte, aeródromos, etc., cuja desativação pode ter consequências imprevisíveis, graves e mesmo catastróficas.

Na revisão proposta, a lista de instalações críticas identificadas não inclui os tipos tradicionais de instalações militares - bases e campos de mísseis, bases aéreas, organismos superiores de administração estatal e militar, uma vez que, de acordo com as avaliações dos investigadores, estas instalações têm um grau de proteção suficientemente elevado e não são praticamente vulneráveis ao impacto de meios convencionais de destruição.

A principal ameaça à atividade vital do país é a desativação de instalações, que se traduz na interrupção dos sistemas de transporte e de energia, do abastecimento de água, etc., à escala do país ou de distritos individuais.

A proteção das instalações críticas (CFI) e do seu agregado, geralmente designadas por infra-estruturas críticas, ou abreviadamente por infra-estruturas críticas, é uma das tarefas mais importantes para garantir a segurança nacional de qualquer país. A defesa das infra-estruturas críticas inclui medidas para assegurar a sua preservação em caso de vários impactos naturais ou provocados pelo homem. Atualmente, o maior perigo é o terrorismo. A experiência dos acontecimentos recentes no mundo mostra que o perigo do terrorismo está a aumentar constantemente.

Os seguintes factores contribuem para as dificuldades na luta contra o terrorismo:

- A guerra convencional é exatamente o oposto da guerra assimétrica terrorista;
- Regra geral, a estrutura organizativa das organizações terroristas não permite a sua rápida deteção e o seu pronto desmantelamento;
- a identificação dos infractores é muitas vezes difícil;
- A doutrina do terrorismo é interétnica e de oposição ao poder do Estado;
- a cadeia de ligações dentro das organizações terroristas é complexa e amorfa;
- A escala da logística terrorista é relativamente pequena, o que torna difícil a sua deteção;
- os requisitos para a deteção de combatentes individuais e o reconhecimento de bases terroristas podem variar consideravelmente em diferentes ambientes.

O Sistema de Gestão da Segurança (SGS) fornece:

- receção pelas autoridades superiores de todas as informações necessárias de qualquer organismo (ponto) de controlo subordinado ou cooperante situado em qualquer ponto do país;
- preparação automatizada de dados para o planeamento operacional e a tomada de decisões sobre a utilização das forças e meios disponíveis, incluindo em equipas combinadas;

- interoperabilidade técnica dos sistemas de comunicação e tratamento automatizado de dados de todas as agências e recolha de informações em tempo quase real;
- processamento automatizado e entrega aos consumidores de todas as informações geradas (incluindo informações) necessárias para o planeamento operacional e a tomada de decisões;
- interoperabilidade a todos os níveis das ligações de gestão; encerramento e proteção da informação; difusão circular e tratamento dos pedidos de informação dos consumidores.
As prioridades para o sistema de segurança da CWO dos EUA são:
- preservação da vida e minimização dos riscos para a saúde dos cidadãos;
- prevenção de ameaças terroristas;
- deteção da presença, avaliação da prontidão de utilização, controlo da circulação de armas de destruição maciça;
- deteção, descontaminação e descontaminação, transporte e destruição de substâncias perigosas, prevenção dos efeitos secundários dessas substâncias;
- A divulgação pública de informações de quaisquer organismos e agências representativos responsáveis pela resposta sobre ameaças emergentes e emergências através de sistemas e meios de comunicação adequados e fiáveis;
- Manter e preparar os activos de segurança e de recuperação necessários;
- realização de actividades de reabilitação das instalações.
Garantir uma gestão fiável e reactiva do sistema de segurança é uma tarefa fundamental que é definida antes das operações diárias e descrita em diretivas prévias e planos de resposta a emergências. A gestão é adaptada à estrutura histórica de gestão de um determinado nível, organismo ou Estado, em função da complexidade da situação, das capacidades e dos recursos disponíveis. Os sistemas de gestão estatais, estaduais e locais são coordenados e têm em conta a flexibilidade da resposta à situação para otimizar a afetação de forças e recursos através das instalações e do tempo. É dada uma atenção considerável à integração dos vários níveis de sistemas e ao aproveitamento total dos benefícios que cada um deles proporciona.
Os mesmos princípios aplicam-se aos sistemas de segurança das PMC em diferentes países, embora o seu modo de funcionamento também tenha muitas caraterísticas e traços comuns. As diferenças são

determinadas pelas prioridades escolhidas e pelas peculiaridades da estrutura interna do Estado, desempenhando um papel importante a avaliação da lista de ameaças e a sua escala por parte da liderança nacional.

Os canais de comunicação fechados são utilizados para recolher informações destinadas a garantir a segurança da transmissão de informações classificadas. O encerramento pode ser efectuado através de métodos comerciais. As informações provenientes do sector privado e do centro de distribuição de informações não podem ser fechadas.

A revisão e a análise constituem uma parte essencial do processo de deteção e alerta e devem ser efectuadas de forma a garantir a atualidade, a exatidão e a fiabilidade das informações recebidas. O pessoal pode interagir através de contactos telefónicos e electrónicos para obter informações completas, claras e verificadas junto de várias autoridades. O êxito de um centro de prevenção de catástrofes depende da capacidade dos analistas para analisar e antecipar as ameaças. A fim de melhorar o sistema de defesa, está prevista a implementação de um sistema de apoio à decisão - Homeland Security Advisory System, que é um sistema unificado de alerta de ameaças que distribui eficazmente a informação sobre os riscos a todos os níveis de governo, assegurando igualmente a sua comunicação ao público. O sistema avaliará o grau de realismo de uma ameaça, se esta é corroborada por várias fontes, as suas caraterísticas, gravidade e escala. São estabelecidos cinco níveis de ameaça:
1. Baixo ("verde").
2. Possível ("azul").
3. A subir ("amarelo").
4. Elevado ("laranja").
5. Obviamente elevado ("vermelho").
Cada grau corresponde a um conjunto correspondente de medidas. Este sistema permite-lhe avaliar a probabilidade de ocorrência de uma ameaça utilizando um sistema de cinco pontos.

A avaliação dos riscos envolve a combinação de informações relacionadas com as ameaças, a vulnerabilidade das instalações e as possíveis consequências. A gestão do risco baseia-se na organização de medidas de proteção através do desenvolvimento de uma estratégia de mitigação do risco. Muitos modelos e metodologias têm sido desenvolvidos tendo em conta a utilização dos recursos disponíveis com base no critério eficiência-valor. A maioria das metodologias inclui, em maior ou menor grau, os seguintes elementos:

- Identificação de sítios importantes e identificação dos que podem ser considerados como KVO;
- Identificar, descrever e avaliar as ameaças;
- avaliar a vulnerabilidade do KVO a várias classes específicas de ameaças;
- Identificação dos riscos (ou seja, as consequências previstas de tipos específicos de ataques contra tipos específicos de alvos);
- identificar formas de reduzir os riscos emergentes;
- definição de prioridades para as medidas de redução dos riscos com base na estratégia desenvolvida.

Neste capítulo:

- São apresentados os principais princípios prioritários da diplomacia digital e o modelo da grelha global de informação;

- Os factores de ameaça dos recursos de informação nas relações interestatais são classificados;

- são consideradas ameaças à segurança nacional:

(a) Relativamente às funções de segurança nacional;

б) em relação ao objeto de segurança;

в) na escala das ameaças;

г) pela natureza e génese das ameaças;

- recursos de informação confidencial classificada de objectos na segurança da informação interestatal;

- São destacadas as principais limitações no domínio da garantia da segurança da informação nacional;

- são apresentados métodos para garantir a segurança da informação nas relações interestatais;

- são definidos métodos para garantir a segurança das infra-estruturas críticas da informação.

MODELOS CONCEPTUAIS PARA
GARANTIR A SEGURANÇA DA INFORMAÇÃO
RELAÇÕES INTERESTATAIS

O terceiro capítulo "Modelos conceptuais para garantir a segurança da informação das relações interestatais" é um material exclusivo, onde o autor aborda o estudo dos problemas organizacionais e jurídicos da formação do sistema de garantia da segurança da informação das relações interestatais, bem como da segurança da informação internacional, onde os aspectos sociais relacionados com o conteúdo filosófico do conceito de "segredo" são considerados de forma concentrada, onde é mostrada a correlação entre todos os tipos de segredos. Este capítulo propõe igualmente algoritmos para regular a estratégia das relações interestatais com base na diplomacia digital.

§3.1 Formação de regimes interestatais do sistema integrado de segurança da informação

Os sistemas de segurança integrados são um conjunto de meios técnicos de proteção e segurança do objeto, reunidos com base num único pacote de software num ambiente informático comum com uma base de dados única.

Um sistema integrado inteligente de segurança e gestão de instalações inclui normalmente

- Sistema de videovigilância digital;
- Sistema de controlo e gestão de acessos;
- Sistema de alarme de incêndio;
- Subsistemas de segurança e de controlo dos processos;
- Sistemas de suporte de vida.

Um sistema integrado de segurança (ISS) é um complexo de equipamentos que funciona de acordo com protocolos comuns, utiliza linhas de comunicação e bases de dados comuns e é controlado a partir de um único núcleo de software. Esta integração permite estabelecer reacções automáticas de um subsistema do SGSI a eventos registados por outro subsistema.

A estrutura do sistema integrado de segurança é constituída por uma unidade central de microprocessador com um terminal de operador e uma impressora ligados através de linhas de comunicação aos controladores de determinados subsistemas (parte periférica).

A segurança de qualquer instalação tem as suas próprias especificidades. A conceção de um sistema de segurança integrado é estritamente individualizada para um objeto específico. As propriedades do objeto determinam quase completamente o tipo final do ISIS ideal para ele. As formas de formar um sistema técnico de segurança empresarial dependem, em grande medida, das caraterísticas das estruturas envolventes, das instalações e dos sistemas de engenharia do objeto, da sua conformidade com os requisitos da documentação regulamentar e técnica, das disposições conceptuais de segurança. Também é necessário ter em conta a situação operacional atual na área onde a empresa está localizada. Só tendo em conta todo o complexo de factores externos é possível atingir um nível de segurança suficientemente elevado.

Com base no objetivo de construir uma proteção eficaz da empresa, a solução mais adequada consiste em utilizar os princípios da integração de sistemas e a criação de um sistema técnico multifuncional complexo, combinando, com base nas modernas tecnologias da informação e na integração de hardware e software, vários subsistemas, relacionados entre si do ponto de vista funcional e informativo, e o seu trabalho de acordo com um único algoritmo.

Uma parte importante da ISB são as linhas de ligação, que transmitem informações dos subsistemas periféricos para a central de controlo.

Podem ser utilizadas como linhas de comunicação ISB as seguintes linhas: linhas de rádio;

dos fios eléctricos da rede de alimentação eléctrica;

de pares entrançados com fios;

de fios telefónicos;

cabos coaxiais;

cabos de fibra ótica.

Classificação das informações protegidas por grau de sigilo (confidencialidade):

de especial importância (especialmente importante) - OV;

top secret (estritamente confidencial) - SS;

secret (confidencial) - S;

para uso oficial (não para impressão, enviado para a lista) - CPD;

não classificado (aberto).

As ameaças à segurança da informação podem ser classificadas de acordo com a sua orientação da seguinte forma:

a) para o indivíduo:

- violação dos direitos e liberdades constitucionais dos cidadãos de procurar, receber, transmitir, produzir e divulgar informações objectivas;

- privação do direito dos cidadãos à privacidade;
- violação do direito dos cidadãos de protegerem a sua saúde contra informações nocivas que não são do conhecimento do indivíduo;
- violação da propriedade intelectual;
б) para a comunidade:
- obstáculos na construção de uma sociedade da informação;
- privação do direito à renovação espiritual da sociedade, à preservação dos seus valores morais, à afirmação na sociedade dos ideais de moralidade elevada, patriotismo e humanismo, ao desenvolvimento das tradições espirituais seculares da Pátria e à promoção do património nacional e cultural, das normas de moralidade e da moral pública;
- manipulação da consciência das massas;
- criar uma atmosfera que impeça o desenvolvimento prioritário de tecnologias modernas de telecomunicações, a preservação e o desenvolvimento do potencial científico e produtivo nacional;
в) para o Estado:
- contra-ação:
- proteger os interesses do indivíduo e da sociedade;
- para construir o Estado de direito;
- formação de instituições de controlo público sobre as autoridades públicas;
- a criação de um sistema de preparação, adoção e aplicação de decisões pelas autoridades públicas que equilibre os interesses do indivíduo, da sociedade e do Estado;
- proteção dos sistemas de informação do Estado e dos recursos de informação do Estado;
- defesa do espaço de informação unificado do país.

As categorias de violadores da segurança da informação podem ser agrupadas de acordo com as suas qualificações: novato (aventureiro), especialista (hacker de ideias, empregado não fiável), profissional (hacker profissional). E se fizermos corresponder a estes grupos os motivos da violação da segurança e o equipamento técnico de cada grupo, podemos obter um modelo generalizado de intruso da segurança da informação, como mostra a Fig. 3.1.

Figura 3.1. Modelo de intruso de segurança da informação.

O modelo do intruso define:

- categorias de pessoas que podem incluir o infrator;
- possíveis alvos do intruso e suas gradações em termos de importância e perigo;
- suposições sobre as suas qualificações;
- Uma avaliação do seu arsenal técnico;
- limitações e suposições sobre a natureza das suas acções.

A verificação garantida da identidade do utilizador é a tarefa de vários mecanismos de identificação e autenticação.

A cada utilizador (grupo de utilizadores) da rede é atribuído um determinado elemento distintivo - um identificador - que é comparado com a lista aprovada. No entanto, apenas o identificador declarado na rede não pode fornecer proteção contra ligações não autorizadas sem verificar a identidade do utilizador.

O processo de verificação da identidade de um utilizador é designado por autenticação. É realizado com a ajuda de uma caraterística distintiva especial apresentada pelo utilizador - o autenticador, que lhe é inerente. A eficácia da autenticação é determinada, em primeiro lugar, pelas caraterísticas distintivas de cada utilizador.

Os mecanismos específicos de identificação e autenticação na rede podem ser implementados com base nos seguintes instrumentos e procedimentos de segurança da informação:

- palavras-passe;
- meios técnicos;

- ferramentas biométricas;
- criptografia com chaves únicas para cada utilizador.

Os métodos qualitativos de gestão do risco baseados nos requisitos da ISO 17999 incluem o COBRA e a RA Software Tool. Vamos analisar brevemente estas metodologias.

A metodologia COBRA permite efetuar, de forma automatizada, a variante mais simples da avaliação do risco da informação para qualquer empresa. Para o efeito, propõe-se a utilização de bases de conhecimento electrónicas especiais e de procedimentos de inferência lógica orientados para os requisitos da norma ISO 17799. É essencial que, se desejado, a lista de requisitos a ter em conta possa ser complementada com vários requisitos de organismos reguladores nacionais.

A metodologia COBRA apresenta os requisitos da norma ISO 17799 sob a forma de listas de verificação a que se deve responder durante a avaliação do risco dos activos de informação e das transacções comerciais electrónicas de uma empresa. As respostas são então processadas automaticamente e é gerado um relatório final com avaliações actuais dos riscos de informação da empresa e recomendações para a sua gestão, utilizando as regras de inferência lógica apropriadas.

A metodologia e a ferramenta de software RA com o mesmo nome baseiam-se nos requisitos das normas internacionais ISO 17999 e ISO 13335 (Partes 3 e 4), bem como nos requisitos de algumas diretrizes do British National Standards Institute (BSI), por exemplo, PD 3002 (Guidance on Risk Assessment and Management), PD 3003 (Assessing a Company's Readiness for Audit in accordance with BS 7799), PD 3005 (Guidance on the Selection of a Protection System), etc. A metodologia e a ferramenta de software RA com o mesmo nome baseiam-se nos requisitos das normas internacionais ISO 17999 e ISO 13335 (Partes 3 e 4).

Esta metodologia permite que a avaliação do risco da informação (módulos 4 e 5) seja efectuada de acordo com os requisitos da norma ISO 17799 e, se desejado, de acordo com as especificações mais pormenorizadas do guia PD 3002 da British Standards Institution.

O segundo grupo de técnicas de gestão do risco é constituído por técnicas quantitativas, cuja relevância se deve à necessidade de resolver vários problemas de otimização que surgem frequentemente na vida real. A essência destes problemas reduz-se à procura da única

solução óptima de entre muitas outras existentes. Por exemplo, é necessário responder às seguintes questões: "Como, dentro do orçamento anual (trimestral) aprovado para a segurança da informação, atingir o nível máximo de proteção dos activos de informação da empresa?" ou "Qual das alternativas para a criação de segurança da informação empresarial (sítio WWW seguro ou correio eletrónico empresarial) escolher, tendo em conta as limitações conhecidas dos recursos comerciais da empresa?". Para resolver estes problemas, são desenvolvidos métodos e técnicas de avaliação e gestão quantitativa dos riscos com base em métodos estruturais e, menos frequentemente, orientados para os objectos de análise e conceção de sistemas (SSADM - Structured Systems Analysis and Design). Na prática, estas técnicas de gestão do risco permitem:
- Criar modelos dos activos de informação da empresa numa perspetiva de segurança;
- Classificar e avaliar os valores dos activos;
- Compilar listas das ameaças e vulnerabilidades de segurança mais significativas;
- Classificar as ameaças e vulnerabilidades à segurança;
- Justificar os controlos e as medidas de risco;
- Avaliar a eficácia/custo das diferentes opções de defesa;
- Formalizar e automatizar os procedimentos de avaliação e gestão dos riscos.
Uma das técnicas mais conhecidas desta classe é a técnica CRAMM.
Primeiro, foi criado o método CRAMM e, depois, a metodologia CRAMM (análise e controlo de riscos), com o mesmo nome, para responder aos requisitos do CCTA. Surgiram depois várias versões da metodologia, orientadas para as necessidades de várias organizações e estruturas governamentais e comerciais. Uma das versões de "perfil comercial" foi amplamente difundida no mercado da proteção da informação.
Os principais objectivos da metodologia CRAMM são:
- Formalização e automatização dos procedimentos de análise e gestão dos riscos;
- Otimizar o custo dos controlos e dos elementos de segurança;
- Planeamento exaustivo e gestão de riscos em todas as fases do ciclo de vida dos sistemas de informação;
- Redução do tempo de desenvolvimento e manutenção do sistema de proteção da informação da empresa;

-   Justificação da eficácia das medidas de proteção e dos controlos propostos;
-   Gestão de alterações e incidentes;
-   Apoio à continuidade das actividades;
-   Tomada de decisões operacionais sobre questões de gestão da segurança, etc.
A gestão do risco na metodologia CRAMM é efectuada em várias etapas.

Figura 3.2: Fases da gestão do risco na metodologia CRAMM.

Na primeira fase de iniciação - "Iniciação" - são definidos os limites do sistema de informação da empresa em estudo, a composição e a estrutura dos seus principais activos e transacções de informação.
A etapa de identificação e avaliação dos activos identifica claramente os activos e determina o seu valor. O cálculo do valor dos activos de informação identifica claramente a necessidade e a adequação dos controlos e protecções propostos.
A fase de Avaliação de Ameaças e Vulnerabilidades identifica e avalia as ameaças e vulnerabilidades dos activos de informação da empresa.
A fase de análise de risco - "Análise de risco" - fornece avaliações de risco qualitativas e quantitativas.
A fase de gestão do risco - Gestão do risco - propõe medidas e meios para reduzir ou contornar o risco.

Vamos considerar as possibilidades do CRAMM no seguinte exemplo. Suponhamos que estão a ser avaliados os riscos de informação do seguinte sistema de informação empresarial.

Fig.3.3 Capacidades CRAMM no SI empresarial.

Gestão dos riscos. As principais etapas da fase de gestão do risco são apresentadas na Figura 3.4.

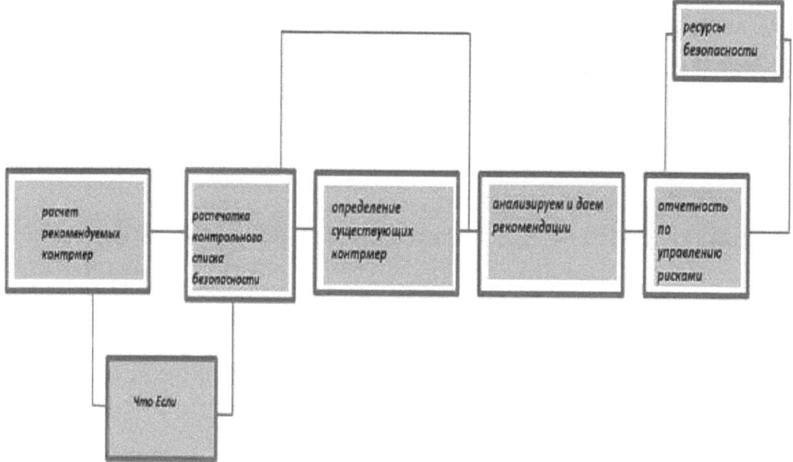

Fig.3.4 Principais etapas da fase de gestão dos riscos.

Nesta fase, o CRAMM gera várias opções de contramedidas adequadas aos riscos identificados e aos seus níveis. As contramedidas são categorizadas em grupos e subgrupos de acordo com as seguintes categorias:

- Garantir a segurança ao nível da rede.
- Garantir a segurança física.

- Garantir a segurança das infra-estruturas de apoio.
- Medidas de segurança ao nível do administrador do sistema.

§3.2 Seleção de factores prioritários para um
modelo concetual
de segurança da informação do Estado

A nova fase do desenvolvimento do intercâmbio de informações, caracterizada pela introdução intensiva de tecnologias da informação modernas, pela utilização generalizada de redes locais, empresariais e globais em todas as esferas da vida de um Estado civilizado, cria novas oportunidades e qualidade do intercâmbio de informações. A este respeito, os problemas de segurança da informação (SI) são de importância primordial, cuja relevância e importância se devem aos seguintes factores

- elevadas taxas de crescimento do parque de computadores pessoais (PC) utilizados em várias esferas de atividade e, consequentemente, um forte alargamento do leque de utilizadores com acesso direto às redes informáticas e aos recursos de informação;
- aumento da quantidade de informação acumulada, armazenada e processada através de computadores pessoais e outros meios de automatização;
- o rápido desenvolvimento de hardware e software e de tecnologias que não satisfazem os requisitos modernos de segurança;
- incoerência entre o rápido desenvolvimento dos instrumentos de tratamento da informação e o desenvolvimento teórico das normas internacionais e das normas jurídicas que garantem o nível necessário de proteção da informação (PI);
- a difusão omnipresente das tecnologias de rede, a criação de um espaço mundial unificado da informação e da comunicação baseado na Internet, que, pela sua ideologia, não proporciona um nível suficiente de SI.

Os factores acima referidos criam um certo espetro de ameaças SI ao nível do indivíduo, da sociedade e do Estado. O meio de neutralizar uma parte significativa dessas ameaças é a formação de uma teoria da SI e de uma metodologia de proteção da informação.

A informação, como componente indispensável de qualquer sistema organizado, é, por um lado, facilmente vulnerável (ou seja, é muito acessível aos efeitos desestabilizadores de um grande número de ameaças diversas) e, por outro lado, pode ser ela própria uma fonte de um grande número de ameaças diversas, tanto para os elementos do

79

próprio sistema como para o ambiente externo. Assim, a garantia da segurança da informação, na formulação geral do problema, só pode ser alcançada com a solução interligada dos três problemas constituintes:

- proteção da informação no sistema contra os efeitos desestabilizadores das ameaças externas e internas à informação;
- proteção dos elementos do sistema contra os efeitos desestabilizadores das ameaças externas e internas à informação;
- proteção do ambiente externo contra ameaças de informação provenientes do sistema em questão.

De acordo com o acima exposto, o modelo concetual da segurança da informação pode ser representado como se mostra na Fig. 3.5.

Note-se que o problema da proteção contra a informação é bastante mais complexo do que o problema da proteção da informação, devido à diversidade das ameaças à informação, cujo impacto nem sempre é evidente. A prevenção e a neutralização dessas ameaças exigem tanto soluções técnicas como soluções organizacionais, jurídicas e políticas a nível nacional, intergovernamental e internacional.

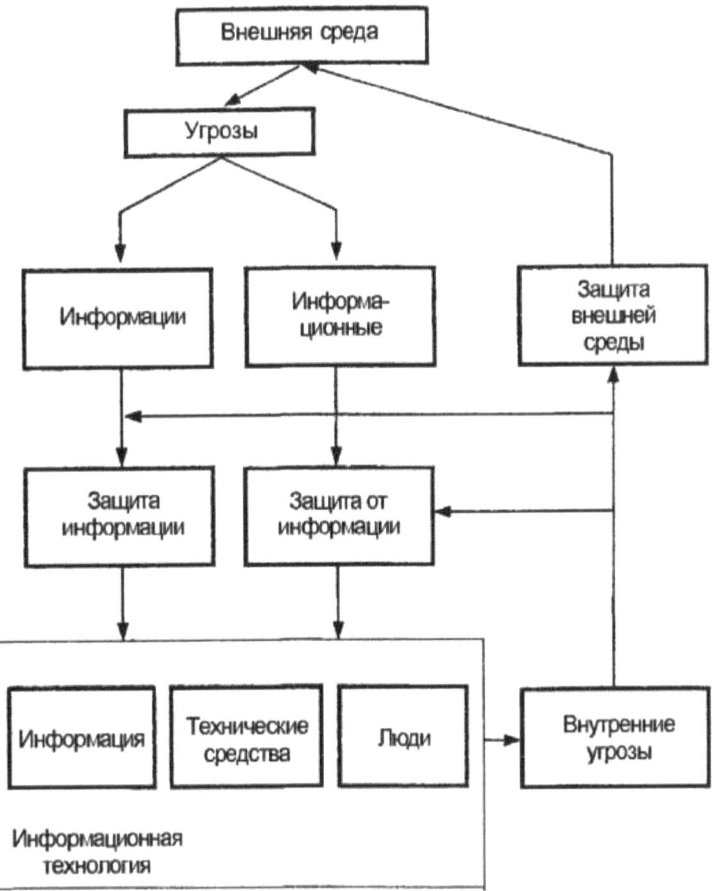

Fig.3.5 Modelo concetual da prestação de segurança da informação.

Na fase atual do desenvolvimento da sociedade, o papel da esfera da informação, que é um conjunto de informações, infra-estruturas de informação, sujeitos que recolhem, formam, divulgam e utilizam a informação, bem como o sistema de regulação das relações públicas que surgem neste processo, está a aumentar.

A esfera da informação, enquanto fator de formação de sistemas da sociedade, influencia ativamente o estado das componentes política, económica, de defesa e outras componentes da segurança da RUz, a segurança nacional da RUz depende significativamente da garantia da segurança da informação e, no decurso do progresso tecnológico, esta dependência aumentará.

A atividade vital normal do organismo social é determinada pelo nível de desenvolvimento, qualidade de funcionamento e segurança do ambiente de informação. A produção e a gestão, a defesa e as comunicações, os transportes e a energia, as finanças, a ciência e a educação, os meios de comunicação social - tudo depende da intensidade da troca de informações, da exaustividade, da atualidade e da fiabilidade das informações. É a infraestrutura de informação da sociedade que é o alvo das armas de informação. Mas, antes de mais, a nova arma tem como alvo as forças armadas, as empresas do complexo de defesa, as estruturas responsáveis pela segurança externa e interna do país. O elevado grau das estruturas de gestão estatal da economia nacional pode levar a consequências desastrosas em resultado da agressão informacional. A taxa de melhoria das armas de informação excede a taxa de desenvolvimento das tecnologias de defesa. Por conseguinte, a tarefa de neutralizar as armas de informação, reflectindo a ameaça da sua utilização, deve ser considerada uma prioridade para garantir a segurança nacional do país.

A destruição de certos tipos de consciência pressupõe a destruição e a reorganização das comunidades que constituem esse tipo de consciência.

Há cinco formas principais de derrotar e destruir a consciência na guerra consciencial:

- lesão do substrato neurocerebral, reduzindo o nível de funcionamento da consciência, que pode ocorrer sob a influência de produtos químicos, envenenamento prolongado do ar, alimentos, radiação;

- baixar o nível de organização do ambiente de informação e comunicação com base na sua desintegração e primitivização, no qual funciona a consciência;

- influência oculta na organização da consciência com base na transmissão dirigida de formas de pensamento ao sujeito da derrota;

- organização especial e difusão, através de canais de comunicação, de imagens e textos que destroem o funcionamento da consciência (armas psicotrónicas);

- destruição dos modos e formas de identificação pessoal em relação a comunidades fixas, levando a uma mudança das formas de auto-determinação e despersonalização.

O impacto da mudança e da transformação dos tipos de imindji-dentificações (identificação profunda com uma determinada posição representada por uma determinada imagem) e autentificações (sentimentos de autenticidade pessoal) é efectuado pelos meios de comunicação social, principalmente a televisão.

O objetivo final do uso das armas de consciencialização é a remoção das pessoas das formas estabelecidas de megacomunidades. A destruição das pessoas e a sua transformação em população ocorre devido ao facto de ninguém se querer associar e relacionar com os polyethnos a que anteriormente pertenciam. A destruição das identificações tem como objetivo destruir os mecanismos de inclusão de uma pessoa em comunidades naturalmente formadas e existentes e substituir estas comunidades evolutivas e naturalmente formadas por uma completamente artificial - a comunidade de espectadores à volta do televisor. Não importa o que uma pessoa pensa sobre o que vê e ouve no ecrã da televisão, o importante é que seja um espetador regular. Neste caso, pode ser influenciada de forma direcionada e sustentável. Em condições de paz formal e das chamadas guerras locais, a guerra de consciência é muito eficaz.

Assim, o problema da reação global às ameaças à segurança da informação é agravado pelo facto de ainda não existir uma definição universalmente aceite de "armas de informação". A complicar esta questão está o facto de as tecnologias da informação serem, na sua maioria, tecnologias não militares ou de dupla utilização. As agressões à informação podem ser levadas a cabo com a ajuda de computadores pessoais comuns, utilizando as vastas capacidades tecnológicas da Internet, e há numerosos exemplos disso.

O problema de garantir a segurança internacional da informação é também complicado pelo facto de esta ainda não se ter tornado um objeto de regulamentação do direito internacional. Na era da globalização, que afectou tanto o domínio científico e tecnológico como o da informação e das telecomunicações, as comunicações entre países estão cada vez mais dependentes de infra-estruturas baseadas nas tecnologias da informação que atravessam as fronteiras nacionais.

A natureza internacional das ameaças de agressão e de crime informático exige uma cooperação a nível regional e mundial, a fim de tomar medidas concertadas para reduzir as ameaças existentes. Nenhum Estado pode alcançar este objetivo sozinho.

A consciência de que o aparecimento e a disseminação de armas de informação e a militarização das tecnologias de informação constituem um poderoso fator de desestabilização das relações internacionais torna necessário que a ONU seja uma organização capaz de dar uma solução global a qualquer problema político, com a mais ampla representação possível e a máxima consideração dos interesses de toda a comunidade mundial.

O valor da informação muda com o tempo. Regra geral, o valor da informação diminui com o tempo. A dependência do valor da informação em relação ao tempo é aproximada de acordo com a expressão:

$$C(t) = C_0\, e^{-2,3t/\tau} \qquad\qquad (3.1)$$

$_0$onde C - valor da informação no momento da sua origem (receção); t - tempo desde o momento da origem da informação até ao momento da determinação do seu valor; τ - tempo desde o momento da origem da informação até ao momento da sua obsolescência.

O tempo após o qual a informação se torna obsoleta varia numa gama muito ampla. Por exemplo, para os pilotos de avião e de automóveis, a informação sobre a posição dos carros no espaço torna-se obsoleta numa fração de segundo. Ao mesmo tempo, a informação sobre as leis da natureza mantém-se relevante durante muitos séculos.

As seguintes abordagens são utilizadas para medir a quantidade de informação.

A. Uma abordagem de entropia.

Na teoria da informação, a quantidade de informação é medida pela medida da redução da incerteza do destinatário (entropia) na escolha ou na espera de acontecimentos após a receção da informação. A quantidade de informação é tanto maior quanto menor for a probabilidade de um acontecimento. A abordagem da entropia é amplamente utilizada para determinar a quantidade de informação transmitida através dos canais de comunicação. Quando se recebe uma informação, a escolha é feita entre os caracteres alfabéticos da mensagem recebida.

Shannon K., utilizando a metodologia de R. Hartley, chamou a atenção para o facto de que, na transmissão de mensagens verbais, a frequência de utilização das diferentes letras do alfabeto não é igual: algumas letras são utilizadas muito frequentemente, outras raramente. Existe também uma certa correlação nas sequências de letras, quando a ocorrência de uma das letras tem grande probabilidade de ser seguida por uma outra letra específica. Ao introduzir estes valores de probabilidade p na fórmula de R. Hartley, K. Shannon obteve novas expressões para determinar a quantidade de informação. Para um símbolo, esta expressão assume a forma:

$$H = -p\log_2 p,$$
(3.2)

e uma mensagem constituída por "n" caracteres:

$$H = -\sum_{i=1}^{n} p_i \log_2 p_i$$
(3.3)

A expressão (3.3), que repete na forma a expressão da entropia na mecânica estatística, foi designada por entropia por K. Shannon por analogia.

Esta abordagem alterou fundamentalmente o conceito de informação. A informação é agora entendida não como qualquer mensagem transmitida num sistema de comunicação, mas apenas como aquela que reduz a incerteza do destinatário da informação sobre o objeto, e quanto mais essa incerteza for reduzida, ou seja, quanto mais a entropia da mensagem for reduzida, maior será a informatividade da mensagem recebida. A entropia é a informação mínima que deve ser obtida para eliminar a incerteza do alfabeto utilizado pela fonte de informação.

Uma análise da fórmula de Shannon mostra que a quantidade de informação em representação binária (em bits ou bytes) depende de duas quantidades: o número de caracteres da mensagem e a frequência de ocorrência de um determinado carácter nas mensagens para o alfabeto utilizado. Esta abordagem não reflecte de todo a utilidade da informação recebida, mas apenas o custo da transmissão da mensagem.

Б. A abordagem do thesaurus.

Esta abordagem foi proposta por Y.A. Shrader. Baseia-se na consideração da informação como conhecimento. De acordo com esta abordagem, a quantidade de informação extraída por uma pessoa de uma mensagem pode ser estimada pelo grau de alteração dos seus conhecimentos. O conhecimento estruturado representado sob a forma de conceitos e relações entre eles é designado por thesaurus. A estrutura do tesauro é hierárquica. Os conceitos e as relações, agrupados, formam outros conceitos e relações mais complexos.

Os conhecimentos sobre uma pessoa, uma organização ou um Estado formam thesauri correspondentes. Os thesauri das estruturas organizacionais formam thesauri dos seus elementos constituintes. Assim, o thesaurus de uma organização é formado, em primeiro lugar, pelos thesauri dos empregados, bem como por outros suportes de informação, como documentos, equipamentos, produtos, etc. A transferência de conhecimentos exige que os thesauri dos elementos transmissores e receptores se sobreponham. Caso contrário, os proprietários dos thesaurus não se entenderão.

Os thesauri de uma pessoa e de quaisquer estruturas organizacionais são o seu capital. Por conseguinte, os proprietários de thesaurus esforçam-se por manter e aumentar o seu thesaurus. O aumento do tesauro faz-se através da formação, da compra de uma licença, do convite a empregados qualificados ou do roubo de informação.

Observam-se duas tendências na sociedade: o desenvolvimento de thesauri de elementos individuais (pessoas, estruturas organizadas) e o alinhamento de thesauri de elementos da sociedade. O alinhamento de thesauri ocorre tanto como resultado de uma atividade intencional (por exemplo, formação) como espontaneamente. O alinhamento espontâneo dos thesauri ocorre devido à transferência acidental de conhecimentos, incluindo a transferência ilegal.

Entendendo a segurança da informação como "o estado de proteção do ambiente de informação da sociedade, assegurando a sua formação, utilização e desenvolvimento no interesse dos cidadãos e das organizações", é legítimo identificar as ameaças à segurança da informação, as fontes dessas ameaças, as formas da sua aplicação e os objectivos, bem como outras condições e acções que violam a segurança. Ao mesmo tempo, é claro, é necessário considerar medidas para proteger a informação de acções ilegais que a danifiquem.

A prática tem demonstrado que, para analisar um conjunto tão significativo de fontes, objectos e acções, é aconselhável utilizar métodos de modelização que criem um "substituto" de situações reais. Deve ter-se em conta que o modelo não copia o original, é mais simples. O modelo deve ser suficientemente geral para descrever acções reais, tendo em conta a sua complexidade.

De uma forma generalizada, os componentes considerados sob a forma de um modelo concetual de segurança da informação são apresentados no esquema seguinte (Fig.3.6.).

Os principais elementos do modelo concetual são discutidos em mais pormenor no Anexo 2.

A análise do estado atual da segurança da informação na RUz mostra que o nível de segurança da informação não satisfaz atualmente as necessidades vitais do indivíduo, da sociedade e do Estado.

As condições actuais de desenvolvimento político e socioeconómico do país provocam o agravamento das contradições entre as necessidades da sociedade em expandir a livre troca de informações e a necessidade de manter certas restrições à sua divulgação.

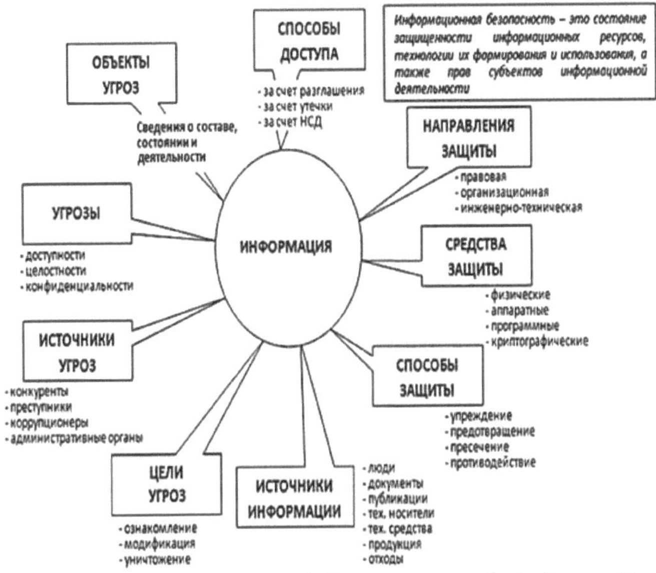

Fig.3.6 Modelo concetual da segurança da informação

A falta de mecanismos eficazes de regulação das relações de informação na sociedade e no Estado tem muitas consequências negativas.

A falta de informação completa, fiável e atempada das autoridades públicas e dos órgãos de gestão dificulta a tomada de decisões informadas. O subdesenvolvimento das relações de informação na esfera do espírito empresarial impede a formação de um mercado civilizado. A falta de um mecanismo de inclusão dos recursos de informação no volume de negócios da economia conduz a graves perdas económicas.

Uma proteção insuficiente dos recursos de informação do Estado conduz à perda de informações políticas, económicas e técnico-científicas importantes, incluindo sobre tecnologias novas e altamente eficazes para fins militares e de dupla finalidade.

A não garantia dos direitos dos cidadãos à informação, a manipulação da informação provoca uma reação inadequada da população e, em alguns casos, conduz à instabilidade política na sociedade.

A perda de informações importantes é facilitada por uma proteção de dados aleatória e por uma coordenação deficiente das medidas de proteção da informação à escala nacional, pela desunião dos departamentos na garantia da integridade e da confidencialidade da "informação" e por um fraco controlo da exportação de tecnologias, armas e equipamento militar nacionais com grande intensidade científica.

A situação em matéria de proteção dos segredos de Estado é desfavorável. As medidas destinadas a assegurar a proteção dos segredos de Estado e dos segredos comerciais e oficiais foram seriamente enfraquecidas nos organismos estatais e administrativos e nas empresas de defesa.

Entre as fontes externas de ameaças, as seguintes são as mais susceptíveis de afetar a segurança da informação das instalações de defesa:

todos os tipos de actividades de informação de Estados estrangeiros;

impactos informático-técnicos (métodos de guerra eletrónica, penetração de redes informáticas, etc.) por parte dos adversários prováveis;

operações psicológicas de prováveis adversários, levadas a cabo por métodos especiais e através das actividades dos meios de comunicação social;

actividades de estruturas políticas e económicas estrangeiras dirigidas contra os interesses da RUz no domínio da defesa.

As principais direcções para garantir a segurança da informação nos sistemas de informação e de telecomunicações a nível nacional são

prevenção da interceção, por meios técnicos, de informações transmitidas através de canais de comunicação;

exclusão do acesso não autorizado às informações tratadas ou armazenadas por meios técnicos;

prevenção da fuga de informações processadas devido a emissões electromagnéticas laterais e a interferências criadas por meios técnicos em funcionamento, bem como a transformações electroacústicas;

prevenção de efeitos especiais de software e hardware que causem a destruição, a destruição, a distorção da informação ou o mau funcionamento dos meios de informatização;

Identificação de dispositivos electrónicos de interceção (dispositivos de penhora) integrados em instalações e meios técnicos;

prevenção da interceção de informação vocal de instalações e objectos por meios técnicos.

A prevenção da interceção por meios técnicos de informações transmitidas através de canais de comunicação é conseguida através da utilização de métodos criptográficos e outros métodos e meios de proteção, bem como através de medidas organizacionais, técnicas e de segurança.

§3.3 Métodos de construção de um modelo concetual de segurança da informação do Estado

A descrição da informação do objeto sob a forma de um conjunto de parâmetros como um sistema de controlo generalizado é apresentada na Fig. 1, que inclui influências de entrada no objeto X, a caraterística do seu estado na saída - Y e a ação de controlo - U, formada pelo dispositivo de controlo com base na informação de entrada sobre o estado do objeto na entrada - Ix e na saída - Iy, sobre os objectivos de controlo - Iz, bem como sobre o ambiente do objeto - o ambiente externo - Is.

Todos os objectos, diferentes na sua essência, podem ser representados sob a forma de um modelo universal, que utiliza uma descrição informativa do objeto. Assim, toda a informação sobre um objeto pode ser representada sob a forma de um conjunto de parâmetros ou indicadores versáteis que caracterizam o seu estado e comportamento no tempo.

Fig. 3.7: Descrição generalizada da informação do objeto

$_{12n}$Neste caso, o vetor Y=(Y , Y , ..., Y) representa os parâmetros de saída ou controláveis. São estes parâmetros que informam sobre o estado em que o objeto se encontra e como cumpre os objectivos de controlo.

$_{1r}$O vetor X=(X , x_2, ..., X) define os parâmetros de entrada, ou de definição (controlados), que são a causa das alterações no estado do objeto.

$_{12M}$O vetor U=(U , U , ...,U) representa os parâmetros das acções de controlo perturbadoras sobre o objeto, de acordo com o objetivo de controlo adotado e o seu algoritmo.

O vetor F = ($_{Fl,F2, ...,Fk}$) mostra o par de metros de influências perturbadoras não controladas e não controláveis, que são uma consequência da influência de factores ambientais externos ou de outros factores internos.

Estes parâmetros reflectem as perturbações no controlo. Se um parâmetro deste tipo puder ser controlado, então este parâmetro é transferido para o grupo de parâmetros de entrada, ou seja, é incluído no vetor x.

No caso geral, o vetor Y é uma função vetorial não linear da regulação, do controlo e das influências externas:

$$Y = Y (X, U, F). \qquad (3.4)$$

As coordenadas dos vectores u e y são designadas por coordenadas de controlo e coordenadas controladas, respetivamente. Se o objeto de controlo for caracterizado por um controlo e uma quantidade controlada, ou seja, se os vectores U e Y tiverem uma coordenada cada, o objeto é designado por simples, unidimensional ou unilateral. Se os vectores U e Y tiverem várias coordenadas, o objeto é designado por multidimensional. Se existirem várias coordenadas mutuamente relacionadas dos vectores U e Y, o objeto é designado por multiligação.

A informação sobre os objectivos de controlo está incorporada no algoritmo de controlo, que pode ser representado como uma dependência funcional

$$U(t) = F (y, x, f), \qquad (3.5)$$

em que F é uma função vetorial geralmente não linear dos parâmetros controlados y, dos parâmetros de regulação x e das influências perturbadoras f.

O termo "informação de sinalização" abrange uma grande variedade de esquemas possíveis de comunicação de informação existentes na prática. Trata-se, nomeadamente, da observação visual (vídeo) da situação, da informação alfanumérica sob a forma de documentos (físicos ou sob a forma de sinais), de materiais gráficos ou de desenho, simbólico-digitais em diversos suportes e mesmo sob a forma de amostras físicas de materiais, produtos, etc.

A este respeito, é necessário dividir ainda mais o conceito de informação de sinalização por espécies. Distinguimos duas variedades: analógico-digital e volumétrico-espécie. O conhecimento da forma física de manifestação da informação num determinado cenário de ameaça à informação é teoricamente suficiente para comparar ameaças à informação homogéneas no mesmo ambiente ou zona de proteção Fig. 3.8.

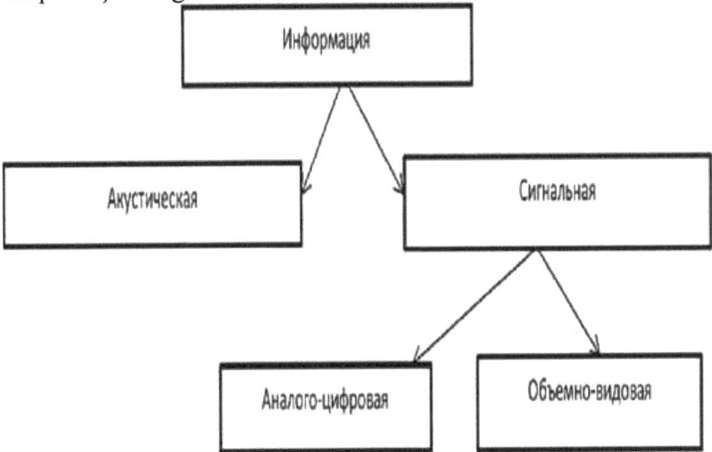

Fig. 3.8. Esquema de classificação da informação por forma física de manifestação.

No entanto, este conhecimento não é suficiente para comparar as ameaças e os possíveis danos delas decorrentes em diferentes condições ou em diferentes zonas de proteção. É necessário classificar a informação de acordo com a sua importância. A importância da informação é estabelecida pelos seus proprietários numa escala discreta de categorias Fig.3.9.

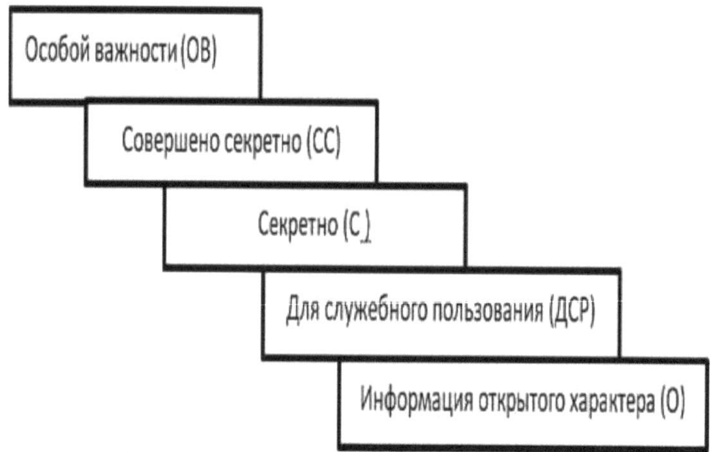

Fig.3.9 Propriedades da informação.

Consideremos um modelo geométrico de um sistema de proteção. $_{1,}$ $_{212}$Seja P = (p p , ..., P_z) o conjunto de defesas e A = $(a\ a\ ,\ ...,\ an)$ o conjunto de ataques. Os ataques que não podem ser expressos por combinações de ataques são chamados ataques independentes. O seu conjunto A'é um subconjunto do conjunto A - a base dos ataques. Escolhamos o espaço Rn, cuja pa3Mep- nidade coincide com a potência do conjunto A, para a construção do modelo geométrico da NWI.

^r_kQualquer ataque A/bA é correspondido por certas defesas (p'ı, $p'2$,..., p)⊂ P.

$'_{12l}$Denotemos este conjunto $\{p\ ,\ p'\ ,...,\ p'\} = Pri$.

ⱼSe o meio P ·, não pertencer ao conjunto Pri, então o ataque A,não é perigoso para ele.

Os eixos de coordenadas no espaço ^ representam classes de ameaças. A unidade de medida nos eixos coordenados é um ataque independente ao qual é atribuída uma defesa. Para cada ataque, os valores das coordenadas do vetor correspondente indicam as defesas incluídas no sistema em estudo.

Como exemplo, consideremos o ataque "Acesso não autorizado a informações armazenadas numa estação de trabalho por um intruso externo" no espaço cartesiano, em que o eixo x corresponde às ameaças relacionadas com a proteção física; y- ameaças relacionadas com a proteção do hardware e do software; z- ameaças relacionadas com a proteção organizacional e jurídica. Um ataque pode ser concretizado se não forem cumpridas três medidas de proteção: "Intruso em área controlada", "Sessão do SO desbloqueada" e "Violação da segurança".

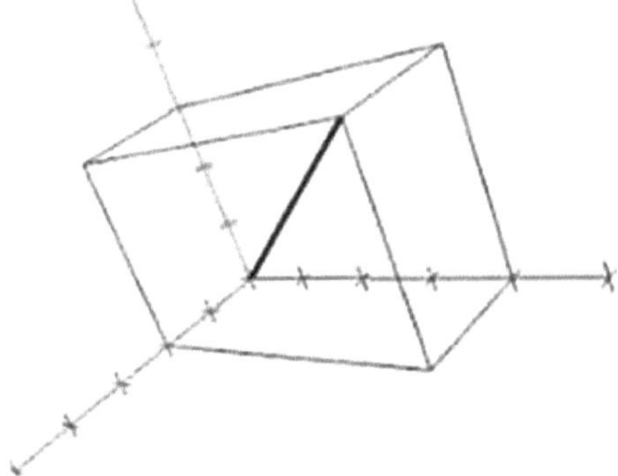

Fig. 3.10.Modelo de ataque "Acesso não autorizado a informações armazenadas na
estação de trabalho por um intruso externo".

Este ataque pode ser realizado de outras formas, tais como: "Ligação aos meios técnicos e sistemas da OM", "Utilização de meios de bookmarking", "Disfarce de utilizador registado", "Defeitos e vulnerabilidades de software", "Introdução de bookmarks de software", "Utilização de vírus e outros códigos de software malicioso", "Roubo de suportes de informação protegidos", "Perturbação de TCs de processamento de informação" (Fig.3.11).

Inicialmente, cada vetor P_i, está no primeiro octante de coordenadas. Construamos em R^n a superfície de um poliedro convexo S tal que cada um dos seus vértices coincida com a extremidade de um dos vectores p_1, p_2, ..., p_z. A superfície do poliedro S, juntamente com os vectores p_1, p_2, ..., p_z, será considerada como um modelo geométrico da NWI.

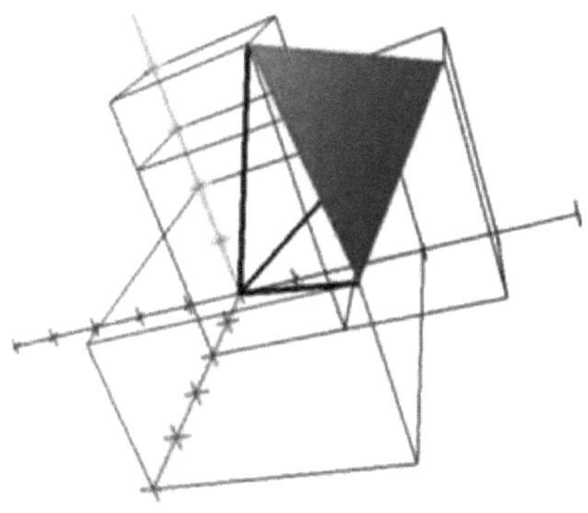

Fig.3.11. Modelo de ataque "Acesso não autorizado a informações armazenadas na estação de trabalho por um intruso externo"

ₗO efeito de qualquer ataque A é naturalmente formalizado pela reflexão de um vetor ao longo do eixo com uma medida de defesa não cumprida. Graças a esta forma de modelização, os vectores correspondentes aos meios para os quais este ataque não é perigoso não mudarão de posição.

ₗAssim, apenas a i-ésima coordenada dos vectores p1 será alterada após o impacto do ataque A no método de modelização proposto,

$_{2,z}$p ..., p que entra no modelo geométrico, e todas as outras coordenadas permanecerão inalteradas.

Com base nos resultados da modelação do ataque, é possível avaliar a sensibilidade ou insensibilidade do sistema de informação (SI) às influências perturbadoras. Se as coordenadas do poliedro pertencerem ao primeiro octante de coordenadas, conclui-se que o SI é insensível à influência perturbadora; caso contrário, conclui-se que as medidas de proteção são insuficientes. A medida de estabilidade é reduzida ao número de iterações em que o CI permanece imune aos efeitos das combinações de ataques.

A lista primária de ameaças é formada por combinações de todos os factores possíveis que afectam a informação protegida, categorias de meios de proteção e níveis de impacto dos intrusos (Fig. 3.11).

A identificação e a análise dos factores que afectam ou podem afetar a informação protegida em condições específicas constituem a base para o planeamento e a execução de medidas eficazes para assegurar a proteção da informação no objeto da informatização. A exaustividade e a fiabilidade da identificação dos factores são conseguidas através da consideração do conjunto completo de factores que afectam todos os elementos do objeto da informatização em todas as fases do tratamento da informação.

As ameaças de fuga de informação através de canais técnicos são inequivocamente descritas pelas caraterísticas da fonte de informação, do meio de propagação e do recetor do sinal informativo, ou seja, são determinadas pelas caraterísticas do canal técnico de fuga de informação.

A lista secundária de ameaças é criada através de aditamentos com base em estatísticas sobre incidentes ocorridos e no grau condicional do seu impacto destrutivo.

O grau de influência perturbadora pode ser determinado:
- a probabilidade de uma ameaça;
- a perda decorrente da concretização da ameaça;
- o tempo de recuperação do sistema.

A metodologia considerada de construção de um modelo de ameaça permite resolver os problemas de desenvolvimento de modelos privados de ameaças à segurança da informação em sistemas específicos, tendo em conta a sua finalidade, condições e peculiaridades de funcionamento. O objetivo desta modelização é controlar o nível de segurança dos SI através de métodos de análise de risco e desenvolver um sistema eficaz de proteção da informação que garanta a neutralização das ameaças previstas.

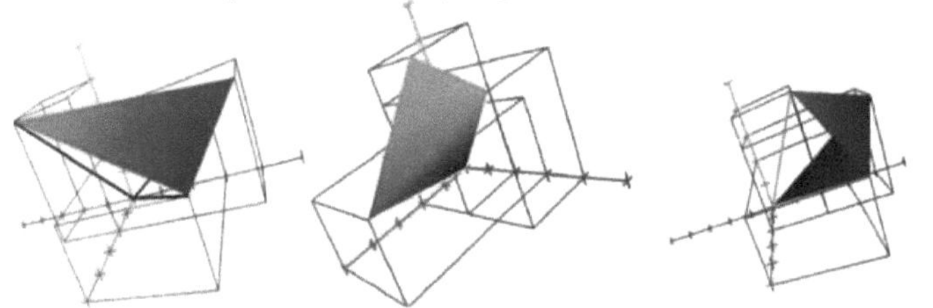
Fig.3.12. Resultados da modelação

Uma das principais tarefas para garantir a segurança da informação na ACS de instalações críticas é determinar a lista de ameaças à segurança da informação e avaliar os riscos do impacto das ameaças reais na ACS ACS ACS protegida. A solução destas tarefas permite determinar os requisitos para o sistema de proteção da ASU KVO, elaborar uma lista de medidas de proteção e, consequentemente, determinar a estrutura óptima do sistema de proteção da ASU KVO contra vários tipos de informação e impactos técnicos.

O processo de avaliação das ameaças à segurança da informação e de elaboração de uma lista de ameaças relevantes para o SCA protegido do IED é designado por modelação das ameaças à segurança da informação, e o resultado deste processo é um modelo de ameaça, que é uma representação física, matemática ou descritiva das propriedades ou caraterísticas das ameaças à segurança da informação.

No Apêndice 1 é apresentado um algoritmo para construir um modelo ER da base de dados de modelos de ameaças na notação de Chen.

O objetivo da modelação das ameaças à segurança da informação é definir um sistema de requisitos específicos para a proteção da informação na ASU KVO, garantindo o seu funcionamento seguro, e

criar um sistema adequado de proteção da informação na ASU KVO
com base nesses requisitos (Fig. 3.13).

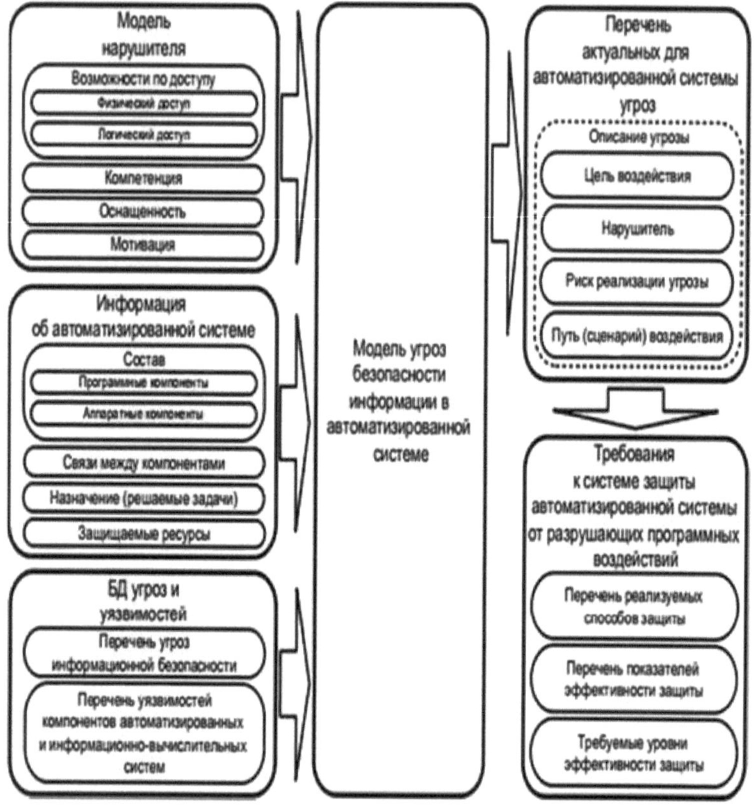

Fig.3.13. O processo de modelação das ameaças à segurança da
informação
no ACS KVO.

O resultado da modelação de um intruso de segurança da informação é
o seu modelo, que é incluído no modelo de ameaça à segurança do
ACS KVO como um dos seus componentes (Fig.3.14) e contém:
- nível de acesso físico (PhL) à informação e (ou) aos componentes
da ASCC ASU;
- nível de acesso lógico (LogL) à informação e (ou) aos componentes
do ACS KVO;
- o nível de competência (C) do intruso na segurança da informação;
- o nível de equipamento (A) do intruso na segurança da informação;
- motivação (M) do infrator da segurança da informação.

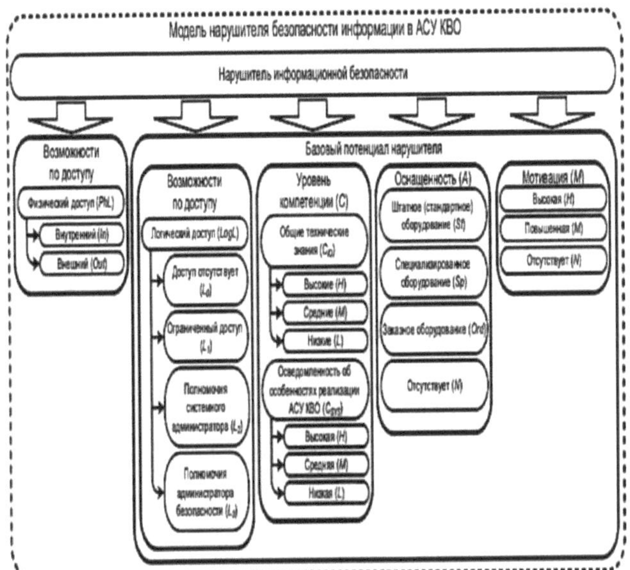

Fig.3.14. Modelo do intruso de segurança da informação no ACS KVO.

Um registo geral do modelo do intruso é feito como uma cadeia PhL:[x]/LogL:[x]/C:[x]/A:[x]/M:[x], onde o valor do parâmetro correspondente é escrito em vez de [x].

O nível de acesso físico é determinado com base na disponibilidade de acesso físico às informações e (ou) componentes do ASU KVO. Tendo isto em mente, podemos distinguir dois níveis de infractores da segurança da informação no ASU KVO:

- intrusos internos (In) - pessoas que têm a capacidade de aceder ao sistema de informação ou aos seus componentes individuais numa base permanente ou ad hoc;

- intrusos externos (Out) - pessoas que não têm acesso ao sistema de informação ou às suas partes separadas e que concretizam ameaças à segurança da informação à distância (remotamente), estando fora do sistema de informação.

O nível de acesso lógico é determinado tendo em conta os direitos de acesso dos sujeitos (indivíduos) aos objectos do ACS KVO. Com base nisto, podem ser distinguidos os seguintes níveis de acesso lógico:

- pessoas que não têm acesso aos objectos ACS (L0);

- utilizadores registados da ASU KVO com acesso limitado aos objectos da ASU KVO a partir do posto de trabalho automatizado (L1);

- utilizadores registados do IES ACS que têm acesso aos objectos do IES ACS com a autorização do administrador do sistema IES ACS

(L2);

- ₃utilizadores registados do ASCE ACS que têm acesso aos objectos do ASCE ACS com a autorização do administrador de segurança do ASCE ACS (L).

O nível de competência do intruso na segurança da informação é determinado com base em suposições sobre os conhecimentos técnicos gerais do intruso e a sua consciência das peculiaridades da construção e funcionamento do ASIC atacado, bem como das especificidades do seu funcionamento.

Os conhecimentos técnicos gerais (CIQ) de um intruso são avaliados em três níveis:

- elevado - o perpetrador tem um elevado conhecimento dos métodos e meios de proteção da informação aplicados em vários sistemas de informação, bem como dos métodos de identificação de vulnerabilidades e de concretização de ameaças à segurança em vários sistemas automatizados;

- médio - o intruso tem conhecimento dos métodos e meios de proteção da informação utilizados em vários sistemas automatizados;

- baixo - o perpetrador tem um conhecimento fraco dos métodos e meios de proteção da informação aplicados em vários sistemas de informação e não tem conhecimento da existência de ameaças à segurança.

A cada um dos níveis de conhecimentos técnicos gerais acima referidos é atribuído um valor numérico. Assim, os valores numéricos das caraterísticas dos níveis de conhecimentos técnicos gerais do intruso de segurança da informação ACS KVO são os seguintes: nível elevado - 5, nível médio - 2, nível baixo - 0.

O conhecimento que o intruso tem das particularidades da construção e do funcionamento da CSYS atacada é também avaliado em três níveis:

- elevado - o intruso consegue obter acesso a informações sobre a estrutura e as ligações funcionais da ASU KVO, o sistema de proteção da informação na ASU KVO, bem como a informações da documentação de conceção, engenharia e operacional;

- médio - o intruso pode ter acesso a informações sobre as metas e os objectivos da ASU KVO, bem como a informações da documentação operacional;

- baixo - o intruso não pode ter acesso a informações sobre a estrutura e as ligações funcionais na ASU KVO, o sistema de proteção da informação na ASU KVO, bem como a informações da documentação de conceção, engenharia e operacional.

É atribuído um valor numérico a cada um dos níveis acima referidos de conhecimento do intruso sobre as especificidades da implementação do ASIC atacado. Assim, os valores numéricos das caraterísticas dos níveis de conhecimento do intruso sobre as caraterísticas do ASIC atacado são os seguintes: nível elevado - 5, nível médio - 2, nível baixo - 0.

O nível geral de competência (C) de um intruso em matéria de segurança da informação na ASU do SIGC é estimado com base na soma dos valores numéricos de c_{IQ} e c_{SYS} do seguinte modo

elevado *(H)* quando $(c_{IQ} + c_{SYS}) > 5$,

$C = $ média (M) a $2 < (c_{IQ} + c_{SYS}) \leq 5$, (3.6)

baixo (L) quando $(c_{IQ} + c_{SYS}) \leq 2$.

A motivação é um fator válido no potencial de um intruso, que pode ser utilizado para descrever vários aspectos relacionados com o intruso, bem como com os recursos da IED ASA de interesse para o intruso. A motivação pode implicar uma certa probabilidade de ataque: uma ameaça avaliada como altamente motivada pode sugerir que está iminente um ataque à ASA IED ou que não se espera um ataque devido a uma ameaça desmotivada.

Em geral, a motivação de um intruso na segurança da informação no ACS KVO pode ser avaliada em três níveis:

- elevado (H) - existem informações sobre as intenções dos intrusos relativamente a um sistema de informação específico ou aos seus componentes separados, ou existem informações recebidas das autoridades executivas sobre as intenções dos intrusos de levar a cabo acções ilegais relativamente ao ASU KVO ou às informações nele contidas;

- elevado (M) - o infrator age por qualquer motivo pessoal (curiosidade, desejo de se afirmar, etc.);

- ausente (N) - as violações da segurança da informação ocorrem devido a acções não intencionais, descuidadas (erradas) ou não qualificadas.

O equipamento do intruso caracteriza a possibilidade do seu acesso a meios de software e (ou) hardware-software, que ele pode utilizar para implementar ameaças à segurança na ASU KVO:

- equipamento padrão (standard) (St) - software e (ou) ferramentas de hardware e software facilmente acessíveis a um intruso (estas ferramentas podem fazer parte do próprio ASU KVO, e podem também ser facilmente obtidas, como, por exemplo, software conhecido e disponível que pode ser descarregado da Internet);

- equipamento especializado (Sp) - software e (ou) ferramentas de hardware e software que estão limitadamente disponíveis para um infrator, mas que este pode adquirir sem esforço significativo;

- equipamento personalizado (Ord) - ferramentas de software e (ou) hardware e software que não estão disponíveis para o público em geral porque pode ser necessário um desenvolvimento especial, ou a distribuição destas ferramentas é controlada e limitada, ou estas ferramentas têm um custo muito elevado;

- Não (N) - o intruso não tem acesso a qualquer software e (ou) hardware e software.

A capacidade do intruso para aceder logicamente aos componentes do sistema, o seu nível de competência e de equipamento, bem como a sua motivação, determinam o potencial básico ($PtBASE$) possuído por um intruso da segurança da informação na ASU KVO e utilizado na fase de modelação da ameaça ao avaliar as probabilidades da sua implementação. O potencial básico preliminar do intruso é estimado com base nos valores numéricos dos níveis de competência e de equipamento, de acordo com a Tabela 3.1.

Tabela 3.1.

Valores numéricos das caraterísticas dos níveis de competência do intruso e do seu equipamento

Nível	Indicador das capacidades do infrator	Valor numérico da caraterística
Nível de competência (C	baixo	0
	média	2
	elevado	5
Nível de equipamento *(A)*	ausente	0
	equipamento de série	1
	equipamento especializado	3
	equipamento personalizado	5

Os valores obtidos no quadro 1 são somados e é determinado o potencial de base preliminar de intrusão:

100

$$\text{Pt}_{\text{BASE}} = \begin{cases} \text{высокий (H) при } (C + A) \geq 8, \\[6pt] \text{средний (M) при } 5 \leq (C + A) < 8, \\[6pt] \text{низкий (L) при } 3 \leq (C + A) < 5, \end{cases} \qquad (3.7)$$

elevado (H) com $(C + A) \geq 8$,
$\text{Pt}_{\text{BASE}} = c$ média (M) a $5 \leq (C + A) < 8$,
baixo (L) a $3 \leq (C + A) < 5, <$
está ausente (N) quando $(C + A) < 3$.

Em caso de motivação elevada, o potencial do intruso passa para o nível seguinte (de baixo para médio ou de médio para alto); em caso de falta de motivação, o potencial passa de médio ou alto para baixo. No caso de o intruso não ter possibilidades de concretizar a ameaça (o potencial básico tem o nível "ausente"), independentemente da motivação do intruso, o potencial básico mantém-se no nível "ausente".

Os exemplos de descrição das diferentes categorias de intrusos de acordo com o modelo proposto de intruso de segurança da informação no ACS KVO são apresentados na Tabela 3.2.

Tabela 3.2.
Exemplos de descrição de diferentes categorias de infractores da segurança da informação no ACS KVO

Categoria do infrator	Motivo das acções do infrator	Registo geral do modelo de intruso	Capacidade de base
Serviços de informações de Estados estrangeiros	Danos ao Estado, a certos sectores da sua atividade ou a sectores da economia	*PhL:Out/LogL:Lo/C:H/A:Ord/M:H*	elevado
Programadores, fabricantes e fornecedores de componentes KBO ACS	Causar danos materiais por engano ou abuso de confiança	*PhL:Out/LogL:Li/C:H/A:Sp/M:M*	elevado
Operador de sistemas de controlo automático KBO	Actos não intencionais, negligentes ou não qualificados	*PhL:In/LogL:LV/C:/A:St/M:N*	baixo
Administrador do ACS KBO	Curiosidade ou desejo de realização	*PhL:In/LogL:L2/C:H/A:St/M:M*	elevado

Ao modelar as ameaças à segurança da informação no SAV-SAU, é necessário ter em conta a sua estrutura, incluindo a presença de níveis (segmentos), as tarefas a resolver, a composição, as interligações físicas, lógicas, funcionais e tecnológicas, a interação com outros sistemas (de informação) automatizados e redes de informação e de telecomunicações, os modos de funcionamento do SAV-SAU, bem como a criticidade dos recursos (informação e componentes do SAV-SAU) a proteger.

A forma mais simples e ilustrativa de modelar e descrever possíveis cenários de implementação de ameaças à segurança da informação é a aplicação de um aparelho de árvore de ataque.

As árvores de ataque são uma ferramenta bastante poderosa e flexível para resolver uma série de problemas relacionados com a segurança, incluindo a correlação, a prevenção e a resposta a ataques à informação.

As árvores de ataque, devido à sua estrutura gráfica, representam visualmente as variantes do impacto informático-técnico no sistema automatizado e, por analogia com uma árvore de falhas, são uma representação gráfica organizada das condições ou outros factores que causam um evento indesejável, denominado nó de evento.

Para cada ameaça e intruso possíveis para um determinado ASIC, é construída uma árvore de ataque. O topo desta árvore é a concretização de uma ameaça à segurança da informação. Para chegar ao topo da árvore, um intruso da segurança da informação precisa de cumprir um certo número de condições a diferentes níveis do ASIC, que serão vértices intermédios da árvore de ataque. A Fig.3.15 mostra um exemplo de uma árvore de ataque de dois níveis para a ameaça de falsificação de informação a partir de sensores ao nível do terreno (com base na estrutura multinível do ASU KVO), que mostra que a ameaça será concretizada se o intruso conseguir cumprir pelo menos uma das condições do segundo nível ("decomposição OR" da ameaça à segurança da informação).

Da mesma forma, uma "decomposição AND" pode ser representada para garantir que o objetivo pode ser alcançado quando todas as condições no nível mais baixo da árvore são satisfeitas simultaneamente, e

Decomposição "OU-NÃO", em que o objetivo pode ser alcançado se apenas uma das condições do nível mais baixo for cumprida.

Os cenários de ameaça à segurança são todos os caminhos possíveis desde os elementos de nível mais baixo até ao alvo final no primeiro nível da árvore de ataque. Por exemplo, para a árvore de ataque apresentada na Fig. 3.14, um dos cenários de concretização da ameaça de falsificação de informações a partir de sensores ao nível do terreno será o seguinte caminho:

T 3.1→T 2.1→T 1.

O principal problema da construção de árvores de ataque é a escalabilidade, ou seja, a possibilidade de construir árvores de ataque para sistemas de informação ou automatizados que tenham uma estrutura complexa com um grande número de componentes e ligações entre eles com um elevado nível de pormenor (ou seja, o nível mais baixo da árvore de ataque reflectirá condições que não são objeto de mais pormenores).

A fim de reduzir a complexidade da análise e o tempo necessário para construir árvores de ataque para os IED ACS que têm uma estrutura complexa e um grande número de componentes, é necessário descer a um nível inferior apenas para os cenários de ameaça reais.

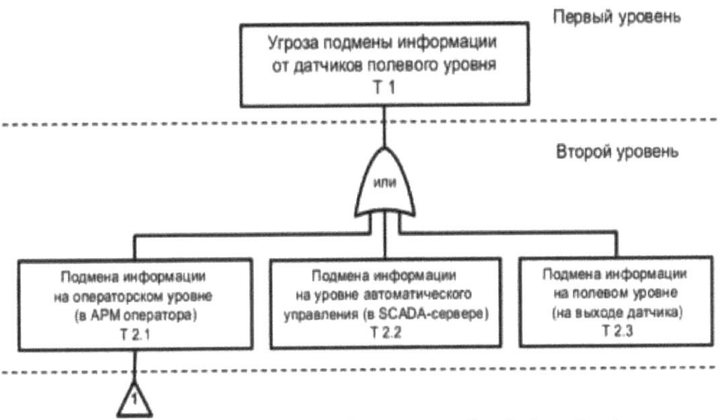

Fig.3.15. Exemplo de uma árvore de ataque de dois níveis.

A modelação dos processos de violação da segurança da informação é aconselhável com base na consideração da cadeia lógica: "ameaça - fonte de ameaça - método de implementação - vulnerabilidade - consequências" (Fig. 3.16.).

As ameaças são classificadas de acordo com a possibilidade de danos para o sujeito da relação quando os objectivos de segurança são violados. O dano pode ser causado por um sujeito (crime, culpa ou negligência), bem como uma consequência de manifestações fora do controlo do sujeito. Não existem muitas ameaças.

A classificação das possibilidades de concretização de ameaças, ou seja, de ataques, é um conjunto de possíveis variantes de acções da fonte de ameaças através de determinados métodos de concretização com a utilização de vulnerabilidades que levam à concretização de dos alvos de ataque constam do Apêndice 2.

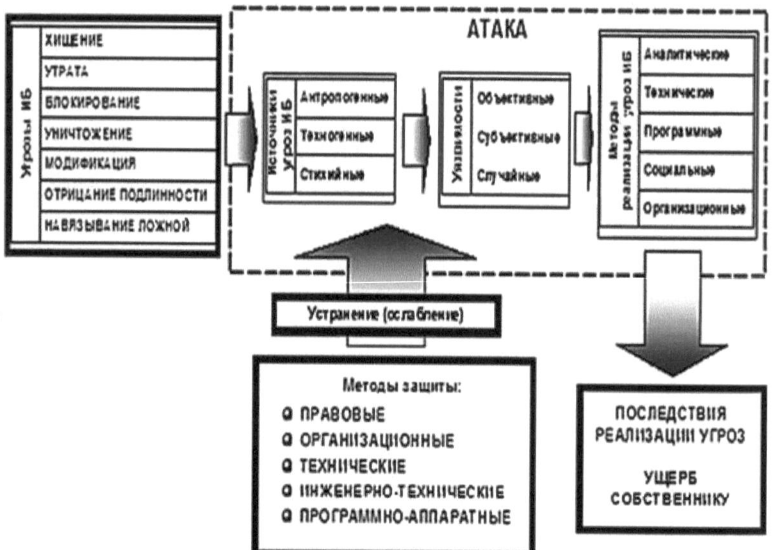

Fig.3.16. Modelo de concretização das ameaças dos SI

O objetivo do ataque pode não coincidir com o objetivo da concretização da ameaça e pode destinar-se a obter um resultado intermédio necessário para a concretização da ameaça. Em caso de não coincidência do objetivo do ataque com o objetivo da concretização da ameaça, o próprio ataque é considerado como uma fase de preparação para a prática de acções destinadas à concretização da ameaça, ou seja, como uma "preparação para a prática" de um ato ilícito.

O resultado de um ataque são as consequências que são a concretização da ameaça e/ou contribuem para essa concretização.

A própria abordagem da análise e avaliação do estado da segurança da informação baseia-se no cálculo de coeficientes de perigo ponderados para as fontes de ameaças e vulnerabilidades, na comparação destes coeficientes com um critério pré-determinado e na redução (exclusão) coerente da lista completa de possíveis fontes de ameaças e vulnerabilidades ao mínimo relevante para um determinado objeto.

Os resultados da avaliação e da análise podem ser utilizados na seleção de métodos adequados e optimizados para fazer face às ameaças, bem como na auditoria do estado real da segurança da informação do objeto para efeitos de seguro.

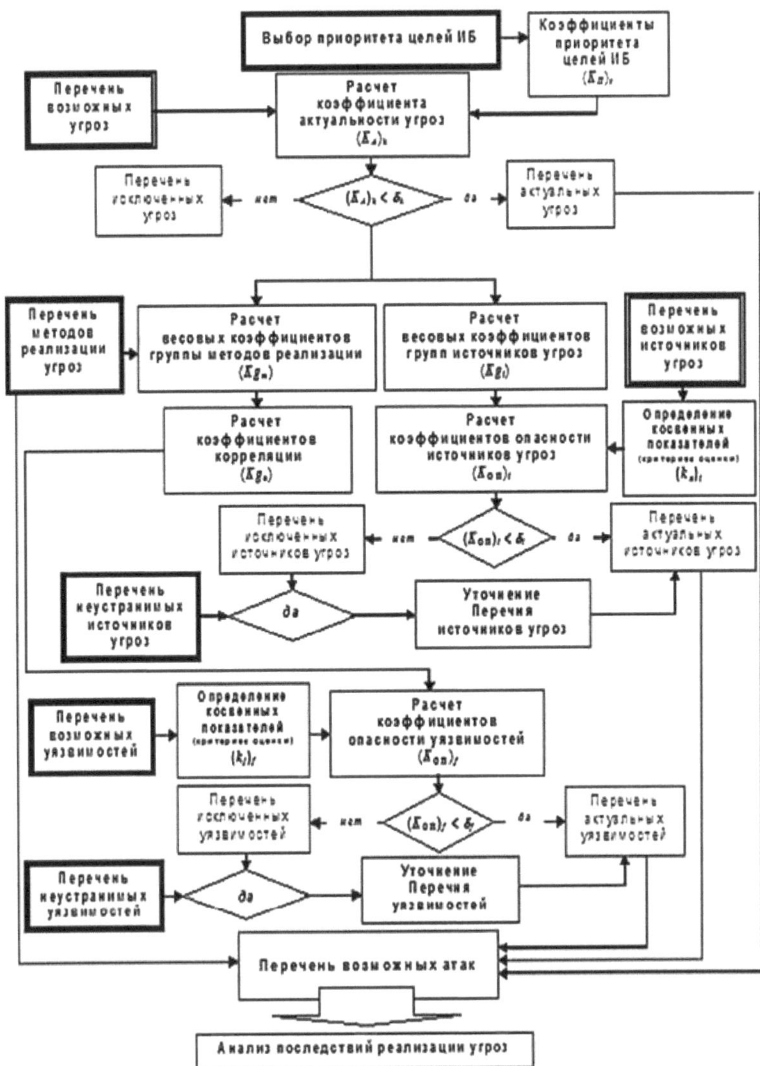

Fig.3.17. Algoritmos de análise e avaliação

Depois de termos descrito a composição das ameaças à segurança da informação, ainda não resolvemos o problema da modelação do seu impacto. Todas estas ameaças se manifestam de forma diferente em cada ponto da rede da empresa. Por isso, vamos tentar estimar, com base na lógica habitual, em que ponto é que a ameaça representa o maior perigo. A sobreposição das ameaças à segurança da informação no modelo da rede da empresa permite-nos estimá-las numa primeira aproximação (Fig. 3.17).

A aplicação, manutenção e desenvolvimento efectivos de um conjunto de medidas de proteção só são possíveis se existir uma abordagem sistémica formalizada da segurança da informação.

§3.4 Algoritmos para regular a estratégia das relações interestatais com base na diplomacia digital

A diplomacia digital visa a realização de tarefas de informação em matéria de política externa com a ajuda de diversas práticas comunicativas num novo contexto de realidade para esta área temática. A necessidade de estudar esta comunicação está ligada a vários factores, nomeadamente: o aumento dos fluxos de informação, a inserção da comunicação diplomática no contexto global da interação discursiva, a utilização de novos canais, ferramentas de comunicação e a intensidade do seu fluxo, bem como a emergência de novos géneros na prática discursiva da diplomacia.

Como definição operacional de discurso institucional na esfera da diplomacia, este estudo adopta o termo discurso diplomático, que é entendido como o discurso que se concretiza em situações institucionais de comunicação na área temática da diplomacia e das relações internacionais, visando a garantia da segurança do Estado, a cooperação e a procura de acordos com países estrangeiros, criando uma perceção positiva do Estado no mundo.

Com o passar do tempo, a diplomacia digital foi adoptada pelos departamentos diplomáticos das principais potências mundiais, o que fez com que este fenómeno fosse objeto de uma atenção crescente por parte dos cientistas políticos. A seguinte definição de diplomacia digital é atualmente aceite no domínio da ciência política: a utilização da Internet e das tecnologias da informação e da comunicação (TIC) para resolver problemas diplomáticos. A diplomacia digital recorre aos novos meios de comunicação social, às redes sociais, aos blogues e a plataformas de comunicação social semelhantes da rede mundial. Num esforço para atingir o maior número possível de pessoas, os diplomatas "competem" nos seus microblogs. O número de contas oficiais diplomáticas nas redes sociais está a aumentar gradualmente.

A diplomacia digital é um mecanismo multifuncional complexo que, graças às especificidades do espaço Internet, integra todas as formas de apresentação de materiais informativos (textos impressos, fotografias, desenhos, gráficos, gravações vídeo).

Na atual situação da política mundial, caracterizada por conflitos políticos, económicos e militares locais, a estratégia de difamação destinada a desacreditar os adversários da política externa passou a desempenhar um papel fundamental não só nos meios de comunicação social, mas também na prática diplomática da informação de muitos Estados.

Ao mesmo tempo, há que sublinhar que a Internet pode ser mal utilizada por indivíduos e pode ser enfraquecida por governos e grandes organizações. O facto é que os sítios que contêm informações valiosas também podem ser utilizados para difundir deliberadamente desinformação (Figura 3.18).

Um exemplo recente de desinformação é uma fotografia falsa que supostamente me mostrava num comício organizado pela oposição russa que teve lugar a 20 de setembro e que foi publicada por alguns canais noticiosos russos. Na realidade, eu estava em casa durante esse comício e a minha imagem na fotografia foi retirada de uma fotografia tirada em fevereiro.

O perigo da desinformação: uma fotografia real minha (à esquerda) ao lado de uma fotografia com photoshop (à direita).

Figura 3.18: Exemplos de imagens fornecidas pelo próprio John Tefft

Para defender a tese sobre os riscos de uma utilização desleal da Internet, o diplomata recorre a uma estratégia de corroboração experiencial através do argumento "à sua própria biografia", um exemplo recente de desinformação que afectou o próprio Tefft. O marcador distintivo do argumento à biografia neste exemplo é a "voz do eu". As vozes são agentes sociais de comunicação, indivíduos envolvidos na construção da identidade. No texto, as identidades dos participantes no discurso são normalmente expressas por pronomes, que permitem a tática do distanciamento ou da convergência (solidarização), salientando as competências e capacidades do falante que os outros não possuem, por exemplo, para a construção da identidade profissional. Neste exemplo, a voz "eu" actua como um marcador de individualidade, contribuindo para a construção da identidade profissional.

Um lugar importante neste exemplo é ocupado pela oposição,

apresentada simultaneamente a nível textual e gráfico. Dois factos opostos (alegadamente capturado no comício organizado pela oposição russa) (Na realidade, eu estava em casa durante este comício) são introduzidos, por um lado, pela partícula ostensivamente, por outro lado, pela expressão adverbial na realidade, que reforça o contraste. As imagens que seguem o texto confirmam as palavras do diplomata e reforçam a sua tese de desinformação.

Consequentemente, isto leva a uma diminuição do limiar de criticidade do destinatário e a um aumento da suscetibilidade à desinformação, o que é extremamente conveniente para a realização das tarefas de informação da política externa.

Os processos de globalização no mundo moderno exigem cada vez mais a utilização das TIC como forma de desenvolver o país a longo prazo. A estratégia de ação para o desenvolvimento futuro da República do Usbequistão refere a necessidade de reforçar a abertura das actividades dos órgãos do poder e da administração do Estado e de introduzir formas modernas de prestação de informações relativas aos direitos, liberdades e interesses legítimos das pessoas singulares e colectivas.

Recentemente, foram adoptadas medidas específicas para melhorar a abertura das autoridades e da administração pública. Como mostra a análise, a necessidade destas medidas deve-se ao facto de se recorrer cada vez mais a novas e diversas formas e métodos de diálogo entre o Estado e a sociedade.

A diplomacia digital é definida como uma estratégia para gerir a mudança através de ferramentas digitais e da colaboração virtual.

A publicação em linha Digital Diplomacy chamou a atenção para a formação das primeiras etapas da diplomacia digital do Usbequistão em 2016. A fim de estudar o desempenho dos ministérios dos Negócios Estrangeiros de 210 países em matéria de diplomacia digital, a publicação realizou um estudo com base no qual elaborou uma classificação global. O estudo baseia-se nas informações digitais dos Ministérios dos Negócios Estrangeiros de 210 países no período de janeiro de 2015 a março de 2016. Atualmente, 742 contas nas redes sociais, 208 páginas Web oficiais e 43 aplicações móveis são utilizadas por vários departamentos de política externa e agências governamentais em vários países.

A maioria dos ministérios dos Negócios Estrangeiros dos diferentes países tem as suas próprias páginas no Twitter e no Facebook. A classificação tem em conta a atividade dos ministérios dos Negócios Estrangeiros na Internet, principalmente nas redes sociais. Os dez primeiros da classificação incluem o Reino Unido, a França, os Estados Unidos, a Rússia, a UE, o Vaticano, a Índia, Israel, o México e a Suíça. O Uzbequistão ficou em 124º lugar na classificação.

A abertura de páginas e grupos no Facebook e noutras redes sociais permite criar um formato conveniente para uma comunicação rápida entre as agências governamentais e o público da Internet e utilizar esta plataforma como fonte das suas próprias informações destinadas aos meios de comunicação social e ao público em geral.

Recentemente, as publicações nacionais na Internet começaram a ajustar as suas actividades. A rapidez e a exaustividade da informação que lhes é fornecida estão a tornar-se os principais critérios para a preparação dos produtos de informação. É dada especial atenção à identificação de mecanismos práticos para informar a sociedade sobre as actividades dos organismos governamentais e proporcionar aos cidadãos um amplo acesso à informação sobre as decisões tomadas.

Os sítios Web oficiais de todos os ministérios e departamentos, bem como os khokimiyats regionais, publicam os actos normativos, jurídicos e outros adoptados que regulam, em especial, as questões das relações com as entidades empresariais, incluindo os procedimentos, as condições e os custos da prestação de serviços estatais e de outros tipos.

São publicadas informações sobre o procedimento de apresentação de candidaturas, queixas e outros recursos por parte de pessoas singulares e colectivas, bem como sobre a possibilidade de feedback. O trabalho ativo na Internet está relacionado com a abertura das agências governamentais, o que significa que os utilizadores da Internet têm acesso livre e podem discutir a informação sobre o trabalho da agência.

Na prática dos negócios estrangeiros, a diplomacia digital é utilizada principalmente como uma ferramenta para a realização de objectivos de política externa através do espaço virtual. No Uzbequistão, o Ministério dos Negócios Estrangeiros, através do seu sítio Web e da sua página no Facebook, publica regularmente informações relevantes e objectivas sobre a política externa e interna, a fim de as fazer chegar ao povo do Uzbequistão em tempo útil.

A implementação da diplomacia digital permitirá cumprir plenamente as novas tarefas para garantir os interesses nacionais do país, aumentar a transparência e a abertura das actividades de política externa e construir uma presença em linha no mundo através da utilização generalizada das tecnologias digitais.

A diplomacia digital permite a todos os participantes comunicar a sua posição a uma audiência estrangeira multimilionária no mais curto espaço de tempo possível, com custos mínimos e uma resposta pública imediata.

Uma das principais tarefas da diplomacia digital é adaptar-se a um ambiente em rápida mutação, desenvolvendo estratégias adequadas para chegar a grupos-alvo, fornecer-lhes a informação correta (mas sem os sobrecarregar com volumes excessivos) e, tal como na diplomacia tradicional, maximizar a presença na sociedade dos principais intervenientes - representantes de Estados, organizações internacionais ou não governamentais.

Embora existam muitos meios de comunicação social diferentes, o Twitter continua a ocupar um lugar especial no mundo da diplomacia e da política. De todas as redes sociais, o Twitter é a mais citada quando se trata de acontecimentos imediatos, especialmente em tempos de crises múltiplas. De facto, o Twitter já alcançou o título de principal canal online utilizado para informar e analisar instantaneamente informações sobre os acontecimentos sociais e políticos mais importantes do dia. Devido à sua brevidade, o Twitter obriga os seus utilizadores a serem concisos na transmissão dos seus pensamentos em textos limitados e é provavelmente a fonte mais utilizada para analisar a presença online de várias personalidades (no contexto do Big Data e do estudo de dados não estruturados).

Para avaliar a amplitude e a profundidade da presença nas redes sociais, foram introduzidos dois indicadores quantitativos que reflectem a atividade nas redes sociais e a sua perceção pelo público.

A atividade e a perceção foram calculadas para cada conta para determinar a sua taxa de sucesso nas redes sociais.

Foram recolhidos os seguintes tipos de dados para cada conta do Twitter:

- o número total de actualizações de estado desde que a conta foi registada;
- número de seguidores;
- número de outras páginas em que a conta analisada está inscrita;
- o número de listas públicas em que a conta está inscrita;
- o tempo de existência da conta (em semanas).

Para além dos dados acima descritos, foram também recolhidas as seguintes informações:
- número de tweets do autor (exclui retweets de outras páginas);
- o número total de retweets de publicações do autor desta página;
- o número de marcas de "gosto" dos tweets do autor do proprietário da página;
- o número de respostas a tweets publicados em nome do proprietário da página.

Com base nos dados recolhidos, foram desenvolvidas e calculadas medidas de atividade e de perceção.

Neste caso, os principais indicadores de atividade foram:

Produtividade: o número de tweets publicados desde que a conta foi criada, incluindo todos os retweets e respostas, dividido pelo tempo que a página esteve ativa, em semanas. A produtividade *é a* métrica mais simples utilizada nestas medições e reflecte a atividade semanal de um utilizador.

Originalidade: o rácio de tweets próprios (produtividade menos retweets) em relação ao número total de tweets da conta. Este critério reflecte a quantidade de novos conteúdos publicados por uma determinada conta.

Comunicativo: o rácio entre as respostas às mensagens de outros utilizadores do Twitter e o número total de tweets. Com que frequência é que o titular da conta participa em diálogos?

Interesse: o número de seguidores de uma conta dividido pelo tempo de existência da conta, em semanas. Essencialmente, uma medida semanal do interesse do público do Twitter pelo conteúdo publicado na página.

Os indicadores de perceção foram os seguintes:

Total de retweets: número total de retweets dividido pelo número dos seus próprios tweets. Quanto do conteúdo original publicado por esta conta é partilhado com outros utilizadores através dos seguidores da página?

Popularidade: o número de "gostos" nos tweets de uma página dividido pelo número dos seus próprios tweets.

Crescimento de seguidores: Número total de seguidores no Twitter dividido pelo tempo de existência da conta, em semanas. Reflecte a taxa de crescimento semanal do público.

Publicidade: o número de listas públicas em que a conta está registada, dividido pelo tempo de existência da conta, em semanas. Outro tipo de medição do crescimento do público, desta vez com base nas listas públicas que incluem esta página.

Se o sucesso da divulgação nas redes sociais fosse determinado apenas por indicadores de perceção, então muitos factores (potencialmente não contabilizados) tornar-se-iam muito importantes. Há certamente actores na arena digital que ganham uma certa popularidade simplesmente porque são muito influentes fora dela, ou porque as suas ideias ou declarações interessam a um vasto leque de pessoas. Utilizar a popularidade alcançada fora da Internet é também uma estratégia possível e eficaz.

Num sentido mais lato, podemos falar da transformação da diplomacia na era digital - à semelhança das mudanças por que estão a passar outras esferas da vida pública. Esta interpretação abrange não só as relações públicas, mas também muitas questões diferentes, desde os novos requisitos para as competências necessárias a um diplomata e a garantia de uma infraestrutura de rede diplomática fiável e segura até à utilização das tecnologias da informação e da comunicação para resolver problemas internacionais e negociar as regras de interação entre Estados no ciberespaço.

Não é por acaso que a comunicação entre dirigentes e funcionários da política externa através das redes sociais tem atraído muita atenção. A capacidade de se dirigir diretamente aos utilizadores da Internet e de acompanhar em direto os debates de interesse para os diplomatas está a afastar cada vez mais a diplomacia do modelo tradicional, em que era sobretudo uma função de comunicação entre chefes de Estado.

A China promove a diplomacia digital. As autoridades chinesas reconhecem o domínio dos media estrangeiros na China e o facto de grande parte da informação não ser verdadeira. Nos círculos políticos, este facto é referido como o lado negativo do soft power. Através da Internet, a população chinesa dá um contributo significativo para a divulgação da posição chinesa. Na Internet, a China tem o seu próprio "exército", criado para dominar as conversas em linha e moldar a opinião pública no país e no estrangeiro. Emprega cerca de 300.000 pessoas que, para promover a linha do governo, publicam informações relevantes em fóruns, sítios Web e blogues. O governo apoia esses "ciber-soldados", que, por sua vez, estão activos em fóruns estrangeiros, opondo-se a qualquer informação negativa sobre a China. Esta estratégia é também utilizada para promover o "sonho chinês" como uma nova construção ideológica

A humanidade passou por seis grandes transições de informação e comunicação ao longo do seu desenvolvimento:
- o aparecimento da linguagem e do discurso humano inteligível;
- a invenção da escrita e da impressão;
- o aparecimento dos meios de comunicação de massas;
- difusão das tecnologias da computação e da informação;
- desenvolvimento de redes globais de informação;
- formação da sociedade da informação.

As TIC, penetrando praticamente em todos os estratos da civilização, para além dos seus indubitáveis aspectos positivos, exacerbaram fortemente a turbulência geopolítica.

"A natureza do ambiente internacional é cada vez mais influenciada pelo confronto crescente no espaço global da informação, devido ao desejo de alguns países de utilizarem as TIC para atingirem os seus objectivos geopolíticos, nomeadamente através da manipulação da consciência pública e da falsificação da história."

Esquematicamente, o desenvolvimento das etapas tecnológicas é apresentado na (Fig. 3.19).

Os 20 Centros de Excelência da NATO desempenham um papel importante nas operações híbridas. O Centro de Excelência Conjunto da NATO para a Ciberdefesa foi criado em Tallinn em 2008 e tem como principal missão prestar aconselhamento, formação e investigação no domínio da cibersegurança.

Simultaneamente, foram desenvolvidas 95 regras, incluindo:
- Um Estado pode responder a um ataque, quer levando o agressor a tribunal, quer através de "contramedidas proporcionais";

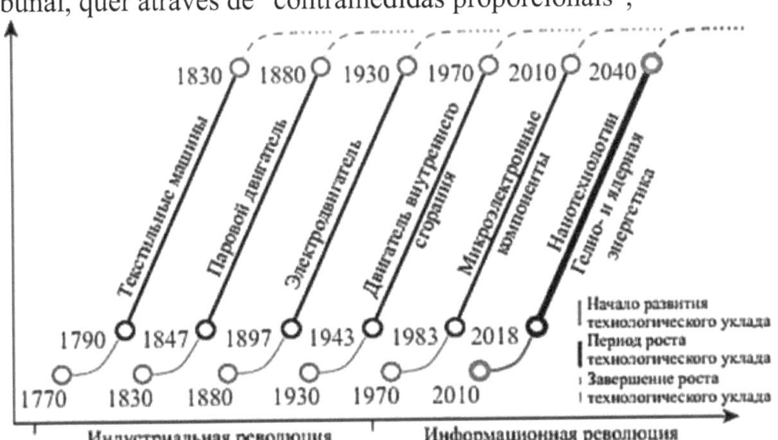

Fig.3.19. Esquema de evolução dos modos tecnológicos.

- Uma vez que um ataque é uma "agressão armada", a auto-defesa,

incluindo a utilização de armas tradicionais, é legal;
- os ciberataques devem ser equiparados, em termos de impacto, à utilização de armas químicas, biológicas e radiológicas;
- a ciberespionagem, o ciberroubo e os ataques a sítios Web (exceto no caso de danos à escala nacional) não podem ser reconhecidos como um ataque armado;
- o Estado agressor deve ser responsabilizado, mesmo que ataque com a ajuda de representantes de outros países.
Assim, o documento legitimava essencialmente os conflitos no ciberespaço como formas de comportamento dos Estados e dos mediadores que actuam em seu nome.
A sua tarefa consistia em desacreditar a liderança política e militar, espalhando o pânico e o derrotismo entre a população.
A estrutura das guerras de informação é apresentada na Figura 3.20.
No domínio da segurança internacional da informação (SII), as TIC são utilizadas para os seguintes fins
a) como arma de informação para fins político-militares contrários ao direito internacional, para levar a cabo acções hostis e actos de agressão destinados a desacreditar a soberania, a violar a integridade territorial dos Estados e a constituir uma ameaça para a paz internacional, a segurança e a estabilidade estratégica;
б) para fins terroristas, incluindo o impacto destrutivo em elementos de infra-estruturas críticas da informação, bem como para propaganda terrorista e para atrair novos apoiantes para actividades terroristas;
в) interferir nos assuntos internos de Estados soberanos, perturbar a ordem pública, incitar à hostilidade inter-étnica, inter-racial e inter-confessional, propagar ideias ou teorias racistas e xenófobas geradoras de ódio e discriminação e incitar à violência;

Fig.3.20. Estrutura das guerras de informação.

г) cometer infracções, incluindo as relacionadas com o acesso ilegal a informações informáticas e a criação, utilização e distribuição de programas informáticos maliciosos.

A guerra centrada em redes (NCW) utiliza tecnologias ultramodernas de informação e de ligação em rede para integrar meios de comando, controlo, informações, vigilância e designação de alvos geograficamente dispersos, bem como agrupamentos de tropas e armas de precisão num sistema global altamente adaptável, com recurso extensivo à guerra eletrónica (Figura 3.21).

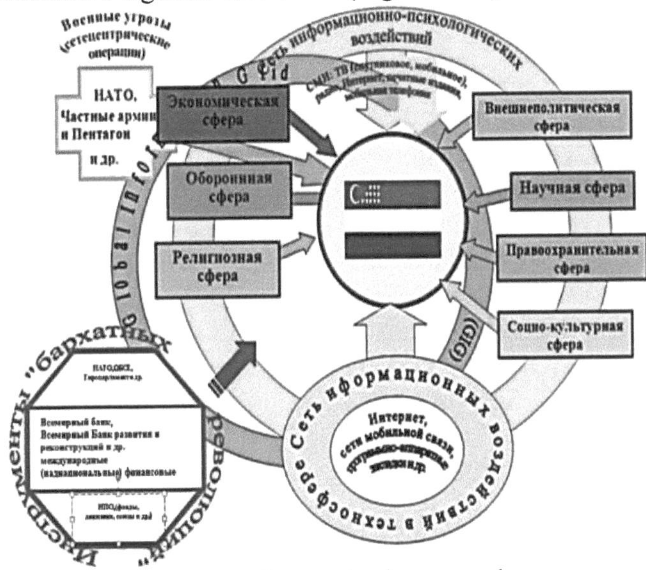

Fig.3.21. Esquema das operações centradas em rede.

Se tentarmos analisar todos os 198 métodos, escrupulosamente estruturados e descritos por ele, não é difícil ver neles o arsenal das três fases seguintes de todas as 24 "revoluções coloridas" que tiveram lugar no mundo entre 1989 e 2015.

1. Acções de protesto, comícios, marchas, piquetes. Convencer as pessoas da ilegitimidade das autoridades e da formação de um movimento anti-governamental.

2. Desacreditar as forças de segurança, greves, desobediência pública, motins e sabotagem.

3. O derrube violento do governo.

Sem o conhecimento dos métodos descritos, é impossível compreender o algoritmo das "revoluções coloridas" e, por conseguinte, aplicar contramedidas adequadas e conduzir uma diplomacia de rede preventiva eficaz.

A rápida evolução das relações internacionais exige que a diplomacia seja pró-ativa e proactiva, sob pena de se perder o tempo favorável para influenciar o ambiente internacional.

§3.5 Métodos e tecnologias de proteção contra a fuga de informações confidenciais

Desde a antiguidade, qualquer atividade humana se baseia na receção e na posse de informação, ou seja, no apoio à informação. A informação é um dos meios mais importantes para resolver problemas e tarefas, tanto a nível do Estado como das organizações comerciais e dos indivíduos.

Os temas dos desenvolvimentos no mercado da espionagem industrial abrangem quase todos os aspectos da sociedade, concentrando-se, naturalmente, nos mais rentáveis do ponto de vista financeiro. A gama de serviços oferecidos é vasta: desde os primitivos transmissores de rádio até aos modernos complexos de reconhecimento industrial.

Tudo isto está associado a um risco suficiente de valorização de diferentes tipos de informação, cuja divulgação pode levar a graves prejuízos em vários domínios (administrativo, científico e técnico, comercial, etc.). Por conseguinte, as questões de proteção da informação (PI) estão a tornar-se cada vez mais importantes.

As ferramentas de análise de conteúdo para pacotes de dados de saída permitem processar o tráfego de rede enviado para fora da área controlada, a fim de detetar possíveis fugas de informações confidenciais. Em regra, são utilizadas para analisar o correio de saída e o tráfego web enviado para a Internet. Exemplos de ferramentas de análise de conteúdo deste tipo são os sistemas "Do-Zor-Jet" (www.jetinfo.ru), "Mail Sweeper" (www.www.infosec.ru.ru) e InfoWatch Web Monitor (www.www.infowatch.com.com).

Estes meios de proteção são instalados na rutura do canal de comunicação entre a Internet e o SA da empresa, de modo a que todos os pacotes de dados de saída passem por eles (Fig. 3.22).

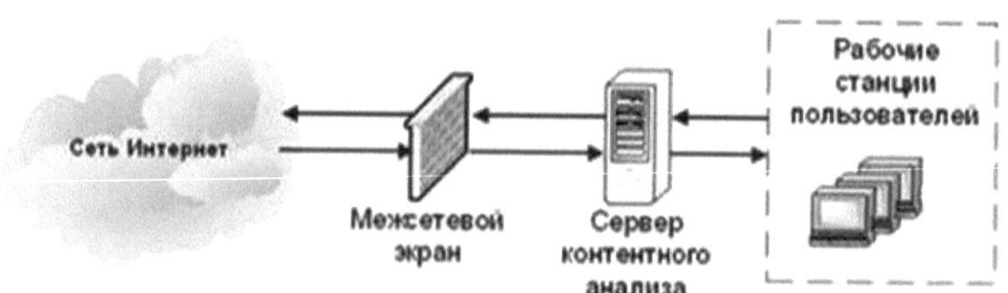

Fig.3.22. Esquema de instalação das ferramentas de análise de
conteúdo na AS

No processo de análise das mensagens enviadas, estas são divididas em campos de serviço que são processados de acordo com os critérios definidos pelo administrador de segurança. Por exemplo, as ferramentas de análise de conteúdo permitem bloquear pacotes de dados que contenham palavras-chave como "secreto", "confidencial" e outras. Estas ferramentas também permitem filtrar as mensagens enviadas para endereços externos que não fazem parte do sistema de gestão eletrónica de documentos da empresa.

A vantagem deste tipo de sistema de proteção é a capacidade de monitorizar e impor restrições ao tráfego de entrada e de saída. No entanto, estes sistemas não garantem a deteção a 100% das mensagens que contêm informações confidenciais. Em particular, se um intruso cifrar uma mensagem antes de a enviar ou a disfarçar como um ficheiro gráfico ou de música utilizando métodos de esteganografia, as ferramentas de análise de conteúdos serão praticamente impotentes neste caso.

No âmbito do modelo de ameaças, o elemento-chave é o conceito de "infiltrado". Um insider é um empregado de uma empresa que é um intruso e que pode ter acesso legal a informações confidenciais. Como resultado das acções de um insider, as informações confidenciais podem cair nas mãos erradas. É importante notar, no entanto, que as acções de um insider podem ser intencionais ou negligentes. Por exemplo, muitos incidentes que envolvem a fuga de informações confidenciais devem-se à negligência de um funcionário. Por exemplo, um funcionário pode perder um portátil com ficheiros de trabalho ou enviar por engano um e-mail com segredos comerciais para outra pessoa.

Até à data, podemos distinguir os seguintes canais principais de fuga de informações confidenciais, que podem ser utilizados por um insider:
- a cópia não autorizada de informações confidenciais para suportes externos e a sua transferência para fora do território controlado da empresa. Exemplos de tais suportes são as disquetes, os discos compactos CD-ROM, os discos Flash e outros;
- imprimir informações confidenciais e levar os documentos impressos para fora da área controlada. Note-se que, neste caso,

podem ser utilizadas tanto impressoras locais, que estão diretamente ligadas ao computador do atacante, como impressoras remotas, com as quais a interação é efectuada através da rede;
- Roubo de suportes que contêm informações confidenciais - discos rígidos, fitas magnéticas, CD-ROM, etc;
- transmissão não autorizada de informações confidenciais através da rede para servidores externos da Internet localizados fora do território controlado da empresa.
Exemplos de canais de fuga que podem ser utilizados pelos atacantes para transferir dados sensíveis para fora da empresa:
- Protocolo de transmissão de correio eletrónico SMTP. Atualmente, quase todas as empresas utilizam o serviço de correio eletrónico para trocar informações com clientes, parceiros e funcionários. Este tipo de comunicação tem muitas vantagens, como o baixo custo, a facilidade de utilização, a disponibilidade, entre outras. Ao mesmo tempo, um potencial intruso pode utilizar o correio eletrónico como uma ferramenta para roubar informações. Para tal, basta enviar uma mensagem de correio eletrónico com um documento confidencial anexado para um endereço de correio eletrónico externo e depois aceder aos dados a partir de casa;
- Protocolo de transferência de hipertexto HTTP. O protocolo HTTP é o protocolo de base para interagir com os recursos da Internet, mas pode ser utilizado por um potencial atacante para publicar informações confidenciais em fóruns, blogues, revistas LiveJoumalu e outros sítios e depois disponibilizá-las a pessoas não autorizadas;
- Protocolo de transferência de ficheiros FTP. Este protocolo também pode ser utilizado para copiar dados confidenciais para servidores de ficheiros externos localizados na Internet;
- Protocolos de rede peer-to-peer P2P. As redes peer-to-peer, como a BitzTorennt, a eMulen e outras, permitem que os utilizadores partilhem recursos de ficheiros entre si. No entanto, se não houver controlos sobre essa partilha, um potencial intruso pode utilizá-las para transferir informações confidenciais através da Internet;
- protocolos para o intercâmbio de informações de voz e texto através da Internet. O protocolo mais comum deste tipo é o Skype;
- protocolos dos sistemas de mensagens instantâneas ICQ, AOL, WindoWsMessengem et al. Este tipo de protocolos pode também ser utilizado para a transferência não autorizada de ficheiros com dados confidenciais entre assinantes.

Para uma proteção eficaz contra as ameaças à segurança interna, é necessário aplicar uma abordagem global que preveja a aplicação de medidas organizacionais, regulamentares, metodológicas e técnicas para proteger os recursos de informação. Assim, a empresa deve elaborar e aplicar documentos organizacionais e administrativos que definam a lista dos recursos de informação confidenciais, as possíveis ameaças que lhes estão associadas, bem como uma lista de medidas a aplicar para contrariar essas ameaças. Esses documentos são o "Conceito de Segurança da Informação" e a "Política de Segurança da Informação", bem como as descrições de funções dos empregados da empresa e outros. Para além dos meios de proteção organizacionais, devem ser aplicadas soluções técnicas concebidas para bloquear os canais de fuga de informações confidenciais acima referidos. Os meios técnicos de proteção da classe DLP podem ser divididos em três classes:

- meios de proteção ao nível dos postos de trabalho dos utilizadores, concebidos para o controlo local dos fluxos de informação no interior do posto de trabalho do utilizador;
- caraterísticas de segurança ao nível da gateway para garantir o controlo dos fluxos de informação no perímetro da LAN da organização;
- defesas complexas que combinam as capacidades das duas primeiras classes.

Os sistemas de proteção contra fugas de informação confidencial deste tipo são complexos de software especializados concebidos para detetar acções não autorizadas de utilizadores relacionadas com uma tentativa de transferir informação confidencial para fora do território controlado da empresa. Os sistemas deste tipo são constituídos pelos seguintes componentes:

- agentes instalados nas estações de trabalho dos utilizadores que recolhem informações sobre os eventos registados nessas estações;
- servidor de gestão concebido para a gestão centralizada dos agentes do sistema;
- uma base de dados que permite armazenar os resultados da operação do sistema de defesa;
- Consola de gestão do administrador de segurança.

Com base nas definições definidas pelo administrador de segurança, os agentes permitem-lhe controlar o acesso dos utilizadores a informações sensíveis, bem como impor restrições às acções que um utilizador pode realizar com essas informações.

A vantagem da utilização de sistemas de proteção deste tipo é a possibilidade de criar um ambiente virtual isolado para o tratamento de informações confidenciais, sem afetar fisicamente um sistema automatizado separado para trabalhar com dados restritos. No entanto, a utilização de sistemas de proteção implica a instalação de software adicional em cada estação de trabalho, o que pode potencialmente levar a uma maior complexidade de administração, bem como a possíveis conflitos no funcionamento dos programas do sistema.

Os sistemas de proteção contra fugas de informação confidencial deste tipo são complexos de software especializados concebidos para detetar acções não autorizadas de utilizadores relacionadas com uma tentativa de transferir informação confidencial para fora do território controlado da empresa. Os sistemas deste tipo são constituídos pelos seguintes componentes:

- agentes instalados nas estações de trabalho dos utilizadores que recolhem informações sobre os eventos registados nessas estações;
- servidor de gestão concebido para a gestão centralizada dos agentes do sistema;
- uma base de dados que permite armazenar os resultados da operação do sistema de defesa;
- Consola de gestão do administrador de segurança.

Com base nas definições definidas pelo administrador de segurança, os agentes permitem-lhe controlar o acesso dos utilizadores a informações sensíveis, bem como impor restrições às acções que um utilizador pode realizar com essas informações.

A vantagem da utilização de sistemas de proteção deste tipo é a possibilidade de criar um ambiente virtual isolado para o tratamento de informações confidenciais, sem afetar fisicamente um sistema automatizado separado para trabalhar com dados restritos. No entanto, a utilização de sistemas de proteção implica a instalação de software adicional em cada estação de trabalho, o que pode potencialmente levar a uma maior complexidade de administração, bem como a possíveis conflitos no funcionamento dos programas do sistema.

Os sistemas de proteção contra fugas de informação ao nível da porta de ligação permitem processar o tráfego de rede enviado para fora da área controlada, a fim de detetar possíveis fugas de informações confidenciais. São normalmente utilizados para analisar o correio de saída e o tráfego Web enviado para a Internet.

Estas protecções são instaladas na interrupção do canal de comunicação entre a Internet e a LAN da empresa, de modo a que todos os pacotes de dados de saída passem por elas.

Atualmente, existem duas tecnologias principais para detetar tentativas de roubo de informações confidenciais. A primeira baseia-se na procura de palavras-chave no fluxo de dados analisado, definidas pelo administrador de segurança. Por exemplo, é possível bloquear mensagens que contenham palavras-chave como "secreto", "confidencial" e outras.

A segunda tecnologia permite identificar potenciais fugas de informação com base nas chamadas "impressões digitais" que são retiradas de informações confidenciais. Estas "impressões digitais" são uma soma de controlo especialmente calculada e permitem identificar um documento confidencial mesmo que este tenha sido deliberadamente alterado por um intruso.

No entanto, nenhuma destas tecnologias pode garantir a deteção a 100% de mensagens que contenham informações sensíveis. Por exemplo, se um intruso encriptar uma mensagem antes de a enviar ou a disfarçar como um ficheiro gráfico ou de música utilizando técnicas de esteganografia, as ferramentas de análise de conteúdos serão praticamente impotentes.

Atualmente, um dos problemas mais prementes no domínio da segurança da informação é o problema da proteção contra a fuga de informações confidenciais. Para uma proteção eficaz contra essas ameaças, é necessário aplicar uma abordagem global que inclua medidas organizacionais e técnicas para proteger os recursos de informação.

CONCLUSÕES DO CAPÍTULO III

Neste capítulo:

- É considerada a formação de regimes interestatais do sistema integrado de segurança da informação;
- as ameaças à segurança da informação são classificadas por orientação;
- é apresentado um modelo de um intruso da segurança da informação;
- Foram selecionados os factores prioritários do modelo concetual da segurança da informação do Estado;
- mediu a quantidade de informação utilizando as abordagens Entropia e Thesarus;

- Os componentes são resumidos sob a forma de um modelo concetual de segurança da informação;
- são apresentados os conceitos de fontes externas de ameaças;
- são apresentados métodos de construção de um modelo concetual de segurança da informação do Estado;
- destacou um certo número de propriedades essenciais da informação do ponto de vista da proteção;
- são considerados modelos geométricos do sistema de proteção da informação;
- É apresentado o processo de modelação das ameaças à segurança da informação no ACS KVO;
- os níveis de acesso lógico são destacados;
- são apresentados algoritmos de análise e avaliação;
- são apresentados algoritmos para regular a estratégia das relações interestatais com base na diplomacia digital;
- É apresentada a estrutura da guerra de informação e o esquema das operações centradas na rede;
- são apresentados métodos e tecnologias de proteção contra a fuga de informações confidenciais.

MÉTODOS PARA MELHORAR O
SISTEMA DE GARANTIA DA INFORMAÇÃO
SEGURANÇA DO ESTADO

O quarto capítulo final "Métodos para melhorar o sistema de garantia da segurança da informação do Estado" descreve os métodos de criação de espaços virtuais de informação comunicativa das relações interestatais, métodos e meios de construção da imagem dos informadores e das suas estruturas organizacionais, e também fundamenta a diplomacia digital como um meio de introdução operacional na consciência das massas. Ao mesmo tempo, são anexadas abordagens sistemáticas para melhorar as relações interestatais nas plataformas das redes sociais profissionais.

§4.1 Métodos de criação de
espaços virtuais
de informação comunicativa
das
relações
interestatais

O conceito de "espaço de informação e comunicação" é um fator integrante do desenvolvimento da teoria da sociedade da informação e dos processos de globalização observados por todos os membros da sociedade.

Para que o espaço de informação e comunicação que surge automaticamente em torno de qualquer tipo de atividade funcione não contra mas a favor, para que seja construtivo, é importante criar um modelo controlado em que os contactos entre os diferentes sujeitos de informação e comunicação se realizem com a máxima eficácia. E, além disso, a estrutura das relações sujeito-sujeito e sujeito-objeto funciona.

Se entendermos a análise da informação e o seu substrato (informação) como a produção de novos conhecimentos com base no processamento da informação disponível, a fim de otimizar a tomada de decisões, então é seguro dizer que, nas condições do desenvolvimento moderno dos canais de comunicação, os poderosos fluxos de informação estão concentrados e são processados em todos os nós da infraestrutura da informação (em todas as esferas de atividade), a fim de tomar decisões de gestão socialmente significativas.

A natureza informacional e auxiliar da análise da informação, que a torna semelhante a outros tipos de serviços informacionais-infra-estruturais, informacionais e auxiliares, que tradicionalmente ordenam o espaço informacional, optimizam e orientam o movimento dos fluxos de informação, asseguram a preservação dos recursos de informação acumulados, etc., permite realizar a função essencial e básica da transformação da informação: a coagulação da informação, a consolidação de grandes conjuntos de informação sob a forma de bases de dados e bancos de dados e a sua criação.

Operando ativamente com produtos e serviços de informação, a análise da informação cumpre principalmente a tarefa de transformação qualitativa e substantiva da informação, sobrepondo-se funcionalmente a este respeito às actividades científicas (produção de novos conhecimentos) e de gestão (desenvolvimento de opções de decisão, cenários).

A análise da informação, baseada em métodos hermenêuticos, ou seja, em sentido lato - na interpretação de textos, se estes forem interpretados universalmente - informacionalmente como documentos, textos, dados, mensagens sobre eventos, etc., bem como para as secções da ciência, tipos de tarefas científicas, quando o conhecimento de conclusão é obtido não por meios experimentais, mas com base na análise e interpretação de teorias existentes, descrições de factos, através da modelação da informação da realidade, é chamado a revelar regularidades e tendências objectivas, determina o movimento da modelação da informação da realidade.

A organização espacial da informação, juntamente com as regularidades da construção espacial dos sistemas de informação, é o objeto de estudo da informologia - uma direção científica geral, teórica, que, na visão moderna, representa definições-funções como "o espaço é um ambiente organizado" e "a informação é um estado do espaço".

Esta abordagem pressupõe, pelo menos, a competência informológica, que determina o desenvolvimento do espaço modelado de receção e difusão da informação, adequado às condições da realidade da informação e da comunicação.

A componente mais importante da competência informacional é, por sua vez, a competência em matéria de informação e comunicação, que pode ser considerada como "uma capacidade complexa de procurar de forma independente, selecionar a informação necessária, analisá-la, organizá-la, apresentá-la e transmiti-la; modelar e conceber objectos e processos, implementar projectos, incluindo na esfera da atividade humana individual e de grupo".

Ao mesmo tempo, a competência informológica é um conceito mais profundo, reflecte a afirmação do conceito multivalente de informação no estatuto de uma categoria juntamente com a matéria, a energia, o espaço e o tempo e manifesta-se na formação de uma imagem individual da informação do mundo - uma imagem integradora da realidade da informação e da comunicação como meio de domínio intelectual do mundo.

As tecnologias da informação e da comunicação e, em particular, a Internet global, tornando-se um atributo integral da interação, tanto a nível informal (doméstico) como oficial, obrigam-nos a repensar as abordagens à modelação do espaço informativo e comunicativo, tendo em conta a emergência e o funcionamento sustentável do espaço virtual.

Os conceitos modernos de gestão, incluindo os da esfera da informação e da comunicação, estão indissociavelmente ligados ao papel crescente da comunicação social enquanto tal e, em particular, dos meios de comunicação de massas na sociedade. Os processos de comunicação que unem a sociedade a todos os níveis, permeiam o ambiente social, distribuem e difundem informações importantes, têm um impacto significativo na vida da sociedade. A crescente informatização da vida social leva a um maior impacto dos esquemas e paradigmas interpretativos nos sentimentos e humores de grandes massas de pessoas, aproxima mundos culturais anteriormente fechados uns aos outros, não excluindo, mas, pelo contrário, aplicando ativa e propositadamente métodos de manipulação da consciência de massa.

Por conseguinte, não podemos deixar de concordar com a ideia de que "na sociedade tecnotrónica, o poder da informação invade cada vez mais todas as esferas das relações sociais".

O papel da comunicação no desenvolvimento dos processos de globalização tem vindo a ser objeto de uma atenção crescente. Daí a pertinência de abordar o estudo sócio-filosófico do fenómeno da comunicação. É determinada pela necessidade urgente de reflexão teórica sobre as mudanças que ocorrem na esfera da comunicação e as mudanças sociais que as acompanham; na compreensão das oportunidades de abertura de regulação social associadas à nova fase de desenvolvimento da comunicação e dos perigos associados à limitação da liberdade da consciência individual. Todos estes factores não podem deixar de afetar os princípios de modelação do espaço de informação e comunicação, no âmbito do qual se regula a interação dos indivíduos, dos grupos e das comunidades na sociedade moderna, sujeita às deformações da globalização.

A auto-consciência e a autoimagem do orador, a ideia da impressão que ele próprio e a sua mensagem devem causar nos outros, contribuem para o espaço comunicativo.

A interação dos tipos sociónicos tem lugar no espaço comunicativo. Este espaço é heterogéneo: a sua densidade em diferentes locais não é a mesma, pelo que a troca de informações dos mesmos tipos em diferentes locais terá uma intensidade diferente.

A comunicação profunda significa uma troca de informações densa, quando praticamente todos os recursos de informação disponíveis para um sociótipo estão envolvidos na comunicação.

Existe um estreito entrelaçamento das "linhas de força" dos campos de informação, o que indica uma elevada fiabilidade do contacto.

Podem ser identificados quatro elementos básicos na troca de informações no processo de comunicação:

1) Emissor, pessoa que gera ideias ou recolhe informações e as transmite;
2) mensagem, a informação real codificada com símbolos;
3) um canal, um meio de transmissão de informações;
4) Beneficiário.

Ao trocarem informações, o emissor e o recetor passam por várias etapas inter-relacionadas. A sua tarefa é compor a mensagem e utilizar o canal para a transmitir de forma a que ambas as partes compreendam e partilhem a ideia original. Isto é difícil, pois cada fase é simultaneamente um ponto em que o significado pode ser distorcido ou completamente perdido. As etapas inter-relacionadas são as seguintes:

1) a génese de uma ideia;
2) codificação e seleção de canais;
3) transferência;
4) descodificação.

Este é o modelo mais simples do processo de troca de informações.

O processo de interação entre a informação e a comunicação pode ser representado esquematicamente sob a forma de um modelo concetual que reflecte o ciclo da comunicação bidirecional:

Fig.4.1 Esquema do processo de interação da informação e da comunicação.

Assim, a implementação da comunicação é um processo coeso necessário para qualquer ação de gestão importante.

Para que o destinatário tenha uma representação idêntica do objeto original, é necessário aplicar as abordagens extensional e intensional, a tecnologia de interpretação da mensagem recebida, bem como as caraterísticas fixas da informação (semântica, semiótica, axiológica), para formar um tesauro. Embora a aplicação de todas estas abordagens não garanta o sucesso da construção do sistema.

A introdução e a utilização generalizadas das tecnologias da informação e da comunicação são vistas como um passo decisivo da sociedade industrial para a sociedade pós-industrial (da informação).

No entanto, esta transição, efectuada à luz do desenvolvimento tecnológico, não pode passar rapidamente sem deixar rasto para a sociedade. Este facto foi referido pelo "profeta da comunicação eletrónica" M. McLuhan, que apresentou um modelo de três fases da história mundial, em que a terceira época é a época do indivíduo da informação nas condições da vitória da comunicação eletrónica (audiovisual), que aumenta as capacidades intelectuais e o carácter criativo do indivíduo.

M. McLuhan comparou os novos meios e tecnologias a uma colossal cirurgia colectiva realizada no corpo social com total desprezo pelos anti-sépticos. Todo o sistema é afetado quando a sociedade é operada por uma nova tecnologia. O impacto da rádio é visual, o impacto da fotografia é auditivo. Cada nova pressão provoca mudanças nas proporções de todos os sentidos. "O que procuramos hoje é um meio de controlar estas mudanças nas proporções sensoriais da visão mental e social do mundo, ou um meio de evitar estas mudanças por completo."

A este respeito, torna-se importante identificar as formas e as tecnologias de gestão administrativa nas condições de virtualização da sociedade, com base na análise da experiência mundial e nacional.

Na sua fase inicial, a tecnologia eletrónica (comunicação espacial, gravação de vídeo portátil) cumpriu o papel de terapia social. Criou uma nova etapa de comunicação social em que as distorções e as disparidades causadas pela geografia e pela economia foram niveladas, favorecendo uma maior compreensão entre os diferentes segmentos da sociedade e dos povos.

Atualmente, por exemplo, a Internet é simultaneamente um meio de radiodifusão mundial e um instrumento de divulgação de informação. E, mais importante ainda, um meio para as pessoas colaborarem e comunicarem.

É sabido que a comunicação de massas se caracteriza por uma exigência especial de conformidade com as normas de comunicação aceites na sociedade, em comparação com a comunicação interpessoal. Esta exigência é ditada pelo facto de as mensagens transmitidas deverem ser tão claras e compreensíveis quanto possível para o público mais vasto, para cada participante na comunicação. Além disso, o estabelecimento de um determinado conjunto de requisitos normativos deve contribuir para excluir do processo de informação os apelos extremistas, a politização desnecessária, a pregação da violência, a inimizade religiosa e étnica e outras acções imorais. Atualmente, estes requisitos normativos estão reunidos em códigos de ética da Internet ou códigos de comportamento na Internet.

O processo de informatização, a formação da sociedade da informação, que conduz ao efeito da globalização e da permeabilidade das barreiras espaciais, culturais, políticas, linguísticas, etc., a inclusão de regiões, Estados, determinados grupos sociais num único espaço político, económico, jurídico e de informação, multiplica o grau de interdependência de todos os sujeitos da comunidade mundial.

A variedade de impulsos de informação (mensagens) sobre acontecimentos, opiniões, contendo influências de controlo, transmitidos através dos canais da infraestrutura de informação e tendo uma influência determinante nos processos sociais, tornou-se inimaginavelmente grande nos dias de hoje. Por conseguinte, o efeito cumulativo formado como resultado destas influências diversas, contraditórias e a várias escalas forma um sistema tão incompreensivelmente complexo de determinismo do desenvolvimento social que este último aparece objetivamente perante os sujeitos modernos da gestão social como uma fenomenologia irracional e indeterminista.

A sociedade da informação, tendo adquirido uma liberdade sem precedentes, uma unidade na diversidade e um dinamismo de desenvolvimento, adquiriu também um novo grau de vulnerabilidade a factores destrutivos e a vários desvios sociais. A consequência natural de todas estas tendências são as decisões de gestão inadequadas, as consequências imprevistas das decisões, o voluntarismo e o subjetivismo dos dirigentes de vários escalões, os confrontos, as tentativas de lobby, a interferência de certas forças nos processos objectivos, a manipulação da opinião pública, etc.

De um ponto de vista geopolítico, o espaço de informação é entendido como um determinado território virtual que pertence ao Estado, é um recurso específico do Estado e deve ser protegido de eventuais agressores.

Vários recursos comunicativos (salas de conversação, fóruns, redes sociais) atraem os utilizadores pela sua democracia, interatividade e globalidade. As ferramentas de pesquisa, comunicação e transferência de conteúdos sonoros, visuais e textuais permitem aos visitantes satisfazer todas as suas necessidades. Conhecer uma pessoa interessante, consultar um especialista, trocar informações com amigos próximos e familiares estão agora disponíveis com um gasto mínimo de recursos. As viagens de horas a potenciais interlocutores e as dispendiosas conversas telefónicas estão a perder a sua relevância, dando lugar a um contacto barato, indireto e instantâneo com os actores da rede na realidade virtual.

No entanto, estas caraterísticas não só facilitam o processo de comunicação e ajudam a formar redes e comunidades de pessoas com os mesmos interesses, como também causam danos tangíveis aos utilizadores incautos. A liberdade de auto-expressão e de auto-apresentação, a abertura e a acessibilidade das plataformas electrónicas e a própria natureza das interações virtuais dão origem a sérias ameaças informáticas à segurança dos utilizadores.

Um dos perigos mais comuns e graves são os riscos comunicativos da rede, nomeadamente a agressão e a provocação por parte dos interlocutores virtuais. A investigadora E.N. Basovskaya destaca a agressão verbal como um tipo especial de comportamento dominante no discurso. Esta agressão verbal pode manifestar-se através de uma atitude familiar para com o interlocutor, insultos, grosseria, desejo de fazer mal, utilização de palavras grosseiras, sarcasmo, etc.

A linguista T.I. Steksova vê o exemplo mais óbvio de agressividade no discurso em diálogos virtuais de fóruns abertos e sítios de notícias. Segundo o cientista, a reação agressiva dos comunicadores não está relacionada com o desejo de manipular e humilhar os interlocutores, mas é um indicador do contexto emocional geral, da atitude em relação ao mundo e aos outros. Apesar de o utilizador nem sempre ter como objetivo ofender os outros participantes, mas apenas expressar as suas próprias emoções e defender um determinado ponto de vista, essa atividade discursiva representa uma ameaça tanto para os seus interlocutores como para os leitores passivos.

Segundo o investigador, o feedback negativo e o contexto emocional deprimente transformam a imagem do mundo do utilizador, provocam reacções emocionais negativas e estratégias de comunicação destrutivas. Ao mesmo tempo, a vítima de um comportamento agressivo representa frequentemente uma pessoa profundamente ferida e um potencial tirano. Psicólogos famosos como A. Freud, N. Beyer e S. Ferenczi destacam a "identificação com o agressor" como um dos principais mecanismos de proteção da psique, que pode ser a causa de comportamentos delinquentes e outras alterações negativas.

A par de manifestações privadas de comportamento agressivo na Web, como insultos, observações, ironia e críticas, estão a desenvolver-se ativamente formas mais graves e perigosas de ameaças à informação e à comunicação. Entre elas, fenómenos como o trolling e o cyberbullying são os mais claramente identificados. Segundo o investigador M.M. Akulich, o trolling é a colocação de informação provocadora e ofensiva em recursos electrónicos com o objetivo de provocar uma reação negativa, agressão e conflito entre os participantes na comunicação. O trolling pode ser iniciado por um indivíduo ou por organizações inteiras. Os objectivos do trolling vão desde os comerciais, políticos e económicos até aos psicológicos e socioculturais. No entanto, independentemente das caraterísticas pessoais e da motivação do provocador, as suas actividades visam sempre a desestabilização emocional do indivíduo através da manipulação e do comportamento agressivo.

Ao contrário do "trolling", o "cyberbullying" não se limita a formas ligeiras de agressão verbal, mas é um complexo de ataques repetidos e constantes ao interlocutor com o objetivo de provocar terror virtual. No seu artigo "Cyberbullying - bullying no espaço moderno", os cientistas A.A. Bochaver e K.D. Khromov definem o cyberbullying como uma nova forma de bullying que utiliza as mais recentes tecnologias modernas para perseguir agressivamente o utilizador no espaço virtual. Na sua opinião, o ciberassédio pode ser tanto direto como indireto. Numa situação de interação direta, o agressor envia mensagens insultuosas, ameaças, grosserias e outras informações negativas à vítima. Quanto ao bullying indireto, neste caso, em regra, a conta da vítima é pirateada ou é criada uma cópia falsa da mesma, seguindo-se o envio de materiais comprometedores, humilhações, fotografias falsas, publicação de mensagens obscenas, ataques aos amigos virtuais do utilizador.

O ciberbullying e o trolling são as ameaças mais perigosas à informação e à comunicação que podem levar à desestabilização emocional do comunicante, a uma diminuição da autoestima, a mudanças pessoais negativas, a sentimentos de medo e ansiedade, à transformação das estratégias de comunicação, a atitudes de vida, à desorientação e, em casos extremos, à deterioração da saúde emocional, mental e física da pessoa, ao desenvolvimento de perturbações depressivas e ao suicídio.

No entanto, não são apenas os impactos agressivos e destrutivos explicitamente expressos dos actores em linha que podem ameaçar a segurança dos utilizadores da Web. Fenómenos como a engenharia social, o recrutamento de utilizadores por terroristas, representantes de várias seitas, ataques de pessoas mentalmente insalubres, maníacos e burlões estão generalizados no espaço de informação e comunicação da Web. A sua diferença em relação aos perigos virtuais acima mencionados reside na complexidade da identificação da natureza negativa do impacto, na incompreensão dos objectivos e motivos do comunicador e na necessidade de informação e proteção psicológica.

Um exemplo de impacto furtivo no utilizador é a engenharia social.

Os métodos da engenharia social consistem na extração de informações confidenciais através do engano, da intimidação e do suborno. No processo de invasão de dispositivos técnicos e de roubo de informações necessárias, os engenheiros sociais concentram-se principalmente nas vulnerabilidades de uma pessoa.

Para além dos métodos de engenharia social, as actividades dos representantes de várias organizações religiosas, incluindo as extremistas, representam um grande perigo. Tal como T.V. Zhavoronkova escreve na sua publicação, os extremistas utilizam agora ativamente os recursos electrónicos para promover os seus objectivos e ideias, encontrar pessoas que partilham as mesmas ideias e recrutar apoiantes. De acordo com os dados apresentados pelos autores, os extremistas publicam artigos religiosos, apelos à atividade, conteúdos de vídeo e fotografia em fóruns e redes sociais, que são ativamente divulgados pelos utilizadores e contribuem para a formação de ideias e crenças falsas.

Ao mesmo tempo, os terroristas utilizam as plataformas de comunicação para analisar a personalidade dos utilizadores, encontrar simpatizantes e chegar aos mais

por personalidades adequadas. As vítimas da propaganda extremista são, muitas vezes, não só os seus associados ideológicos, mas também utilizadores numa situação de vida difícil, que perderam o sentido da sua existência e demonstram ativamente indiferença pelo seu destino esperado. Neste caso, o recrutamento de apoiantes começa com o estabelecimento de um contacto estreito com o utilizador, um diálogo franco sobre uma variedade de tópicos e passa gradualmente para mensagens manipuladoras e propaganda oculta de atitudes radicais. É de salientar que nem sempre é fácil identificar um terrorista, uma vez que as ferramentas das redes sociais permitem ocultar informações sobre a pessoa real, criar uma imagem atractiva e inspirar confiança nos outros visitantes.

As consequências destes ataques de informação por parte dos extremistas podem ser perturbações psicológicas, a formação de comportamentos delinquentes, a devastação emocional, a dependência, a depressão, o medo pela própria vida, a transformação das diretrizes sociais e morais, a degradação moral e muito mais.

Tudo isto é válido não só para as influências negativas dos extremistas sobre o utilizador, mas também para as acções manipuladoras dos representantes de qualquer comunidade religiosa não oficial (seita). Os membros das seitas também procuram pessoas que partilham as mesmas ideias utilizando as tecnologias mais recentes e promovem as suas ideias junto das partes interessadas nas páginas das redes sociais ou nos recursos temáticos. A este respeito, a ameaça da informação é colocada não só pelas organizações muçulmanas radicais, mas também pelos participantes de qualquer comunidade religiosa não reconhecida que utilize ativamente técnicas de manipulação, engano, apelos de propaganda e influência na psique humana.

A construção do modelo de espaço virtual de informação e o seu funcionamento são assegurados pela criação e implementação de um sistema integrado de automatização da gestão baseado no hardware e software mais modernos.

Nas condições de utilização intensiva da infraestrutura global de informação (espaço Internet) como ambiente de comunicação da interação económica e social, a maior parte dos actos de interação entre sujeitos são transferidos para o espaço virtual. A interação no espaço virtual leva a uma redução dos custos de transação e a mudanças na estrutura das formações de integração, ou seja, prevalece a forma de interação em rede (não há controlo vertical e o papel das restrições territoriais é reduzido). Isto determina a pertinência do estudo das interações dos sujeitos em termos de inter-relações grupais que formam uma rede, que abrange todos os agentes económicos que a integram e que constitui assim o seu espaço económico.

As tecnologias da Internet, que criam espaços e comunidades virtuais, oferecem ao Estado, aos seus parceiros e aos adversários novas formas e métodos de interação.

Ao mesmo tempo, o próprio poder, as suas estruturas políticas e instituições estão a sofrer transformações significativas. Os Estados nacionais estão a sentir a necessidade de novas tecnologias de poder e governação. A administração do poder estatal através de tecnologias em linha e de "governo eletrónico" está a tornar-se gradualmente uma caraterística do nosso tempo. As estruturas do Estado começam a dominar as tecnologias de comunicação RP*, publicidade política e outros métodos modernos de comunicação com a sociedade civil, mantendo contactos com parceiros e opositores. Ao mesmo tempo, os portadores tradicionais de influência política na sociedade industrial - os partidos - estão a dar lugar aos meios de comunicação social e a outras instituições que formam o espaço de informação do poder. A utilização das novas tecnologias da informação conduz a uma transformação qualitativa da sociedade baseada nos princípios da sociedade civil e da sociedade da informação. Todas estas mudanças conduzem ao aparecimento de uma nova forma de organização do poder nas sociedades modernas - a mediocracia, que forma relações políticas específicas entre a sociedade e a classe dominante, criando novas oportunidades para a utilização do poder do Estado.

Para além deste significado genético, a informação funciona também como um recurso político especial: os actores que a possuem obtêm vantagens na conquista e redistribuição do poder. A disponibilidade ou ausência de informação adequada determina as possibilidades de um ator ganhar ou perder poder, de conseguir influência, de concretizar os seus interesses na esfera política. Assim, a obtenção da informação necessária torna-se um objetivo específico de qualquer ator que actue na política e esteja interessado em influenciar o poder. Por conseguinte, o processo de aquisição de informação actua como um mecanismo que assegura acções intencionais dos actores políticos e lhes permite ajustar o seu comportamento. No entanto, se a informação não for introduzida nas acções práticas das pessoas e das instituições, começa a minar os fundamentos dos seus estatutos políticos e a minar as tradições de distribuição do poder que operam na sociedade. Por conseguinte, o subdesenvolvimento das trocas de informação e comunicação num determinado sistema político enfraquece inevitavelmente o poder do Estado, conduz a uma diminuição da adaptação das suas instituições às mudanças sociais e, em última análise, contribui para a desestabilização do poder.

A presença do principal fluxo de informação no ICS internacional pode ser caracterizada tanto positiva como negativamente. Por um lado, guiado pelos princípios do mercado, contribui inevitavelmente para a difusão dos valores da liberdade e da democracia, opondo-se e destruindo tradições rígidas de autarcia, nacionalismo e paroquialismo. A informação aqui difundida conduz, em última análise, à internacionalização dos estilos de vida, configura um modelo multiculturalista da atividade humana e promove a integração mundial. Estes infomediários globalizados permitem manter o controlo sobre a distribuição racional dos recursos mundiais. Por outro lado, a posição largamente monopolista das empresas transnacionais (ETN) ocidentais no mercado mundial cria oportunidades para impor a outros países e regiões um ambiente de informação estranho que não tem em conta as necessidades de informação de uma parte significativa da população. A situação atual caracteriza-se também pela redução do acesso dos cidadãos a informação de qualidade, que está a ser substituída por histórias populares de entretenimento. Em última análise, estas práticas distorcem as necessidades de informação de vários grupos da população (e mesmo de nações inteiras), impedem o desenvolvimento das tradições culturais dessas nações e provocam o declínio das normas e padrões éticos nacionais.

As funções mais significativas da opinião pública incluem: representação da política atual aos olhos do público; fornecimento de feedback no sistema de administração pública, o que implica a correção do rumo seguido pelo regime; aumento do grau de legitimidade do regime no poder; socialização dos cidadãos que são incluídos na esfera das relações políticas.

§4.2 . Formação de estratégias de informação comunicativa para a regulação das relações interestatais

A estratégia comunicativa é um termo relativamente novo na teoria da gestão. De facto, o termo estratégia é emprestado da esfera militar e, na sua essência, representa a escolha não de um único caminho para a vitória (realização do objetivo), mas a criação de condições tais que todos os caminhos conduzam a ela. Na sua forma mais geral, a estratégia actua como uma sequência de etapas (iterações), cada uma das quais se caracteriza pelo seguinte. Em primeiro lugar, a presença de um problema estratégico (situação), a sua análise e a definição de um determinado objetivo em relação a ele. Em segundo lugar, a construção (construção sequencial de um projeto) como forma e o projeto como meio de transformar a situação.

Como terceira caraterística mais comum da estratégia, é fácil notar a presença ou a determinação "de improviso" de disposições a priori, de acordo com as quais a situação é alterada. Em suma, os vários postulados, axiomas, normas, regras e princípios dentro das "disposições a priori" são a priori funcionais (em termos da sua função na estrutura da estratégia); são tomados como conhecimentos e atitudes não situacionais e não problemáticos dentro de uma dada estratégia.

A análise da situação no pensamento estratégico é, antes de mais, uma análise de possibilidades. Uma estratégia de comunicação é necessária não para situações de "massa", onde se podem utilizar estereótipos e algoritmos, mas para situações globais problemáticas. Na elaboração e implementação de uma estratégia de comunicação, é necessário refletir constantemente sobre os valores da organização, imaginar o objetivo (situação-alvo e público-alvo) e a distância que separa a situação atual da situação final, a situação-alvo, e resolver o problema de conciliar valores, objectivos e meios, vez após vez.

A diplomacia pública diz respeito à aplicação prática da comunicação e de outras investigações no domínio das ciências sociais para influenciar as mentes de audiências estrangeiras, de modo a que a política externa de qualquer outro Estado que utilize técnicas semelhantes seja admirada ou, pelo menos, percepcionada sem ressentimentos. Os objectivos da diplomacia pública são claros: "é preciso tentar captar a mentalidade de grupos significativos" e "a nação deve ser vista como um sistema de comunicação".

Hoje em dia, as seguintes formas de cooperação e parceria cultural são ativamente utilizadas nas relações internacionais, confirmando a importância da diplomacia cultural: fóruns, festivais, digressões, exposições, feiras, dias nacionais da língua e da cultura, concursos, competições, congressos, conferências, programas de investigação e de intercâmbio educativo, a prática de bolsas de estudo e de subsídios e as actividades das fundações. Todas estas formas de intercâmbio cultural internacional começaram a surgir há muito tempo, mas só nas condições de integração e internacionalização é que tiveram um desenvolvimento mais pleno e consistente. Na sua essência, o "produto cultural" é a quintessência das formas individuais de cooperação cultural, dirigidas dos sujeitos-fontes de comunicação para os sujeitos-destinatários através de uma gestão estratégica da comunicação.

É igualmente possível designar abordagens lineares (do modelo linear de comunicação) e interactivas (do modelo de feedback) para o estudo das estratégias comunicativas no domínio da diplomacia cultural. No quadro da abordagem linear, existe uma estratégia comunicativa como o kulturträgerismo (kulturträger, do alemão Kulturträger imperialist-colonialist-colonialist). Kulturträger "do alemão Kulturträger imperialista-colonizador que escraviza os povos atrasados sob o pretexto de impor a cultura") e o missionarismo. Estas estratégias praticamente não são utilizadas no mundo moderno. A sua peculiaridade reside na difusão violenta de valores culturais (religiosos) de um país no território de outro. No âmbito da abordagem interactiva, podemos falar da estratégia de satisfazer as necessidades socialmente significativas dos sujeitos/objectos da comunicação em conhecer, compreender e aceitar os valores culturais de outro país, de outra nação, da estratégia de consumo consciente de "produtos culturais" estrangeiros.

Aplicado à esfera da política, isto significa que o ator que estabeleceu a comunicação e foi capaz de a manter com base nas suas ideias, opiniões, mitos, símbolos, slogans, posições, tem a oportunidade de regular o curso dos conflitos e de os gerir, reforçando assim o seu estatuto e aumentando a legitimidade do governo. No contexto da abordagem social da comunicação, a ciência desenvolveu muitos dos seus modelos teóricos. Os mais comuns entre eles podem ser considerados lineares e não lineares.

O modelo linear implica a interação entre o comunicador (o emissor da informação inicial), o comunicante (o intérprete da informação inicial) e o destinatário (o recetor da informação). No âmbito deste modelo, podem ser identificados vários componentes adicionais: fontes de informação, factores de interferência, filtros de informação, feedbacks, etc. O principal é que este modelo simplificado permite compreender melhor a sequência dos acontecimentos nas trocas de informação, os principais parâmetros da comunicação.

Juntamente com este, é também utilizado um modelo não linear (T. Newcomb). Este modelo representa um triângulo, cujos vértices são o comunicador, o comunicante e a situação. Neste caso, o comunicador e o comunicante actuam simultaneamente como fontes e receptores de mensagens. Neste caso

a interação entre eles pode ocorrer tanto com como sem ter em conta a situação. Este modelo demonstra uma gama mais ampla de variantes de interação dos parâmetros principais, especialmente a dependência de factores externos.

§4.3 . Métodos e instrumentos de construção da imagem dos informadores
e das
suas estruturas organizacionais

Atualmente, as fontes de informação são tão numerosas e a própria informação tão diversificada que algumas delas podem não ser totalmente fiáveis. Por conseguinte, os dados devem ser verificados e reverificados com a ajuda de várias fontes, para o que são criadas unidades especiais nas grandes organizações. Estas unidades estão empenhadas em planear a necessidade de informação, a sua recolha, processamento, análise, avaliação, compilação, recomendações para a gestão, bem como a criação de uma base de dados estratégica.

Os meios de comunicação social desempenham um papel especial na formação de uma opinião sobre a situação no município e a imagem das autoridades locais. Atualmente, verifica-se uma tendência para a utilização de todo um complexo de tecnologias de manipulação da informação, cujo objetivo é introduzir atitudes e estereótipos na consciência das massas, para as incitar a tomar as decisões e acções necessárias. Uma das peculiaridades das modernas técnicas de manipulação é realizada principalmente através da imprensa escrita e da televisão, que criam "imagens" e têm um carácter avaliativo. A utilização destas tecnologias tem como objetivo criar um certo estado de espírito emocional e atitudes psicológicas no público.

Um indicador do interesse e da participação da população na vida política é a determinação do grau de proximidade com que os cidadãos seguem o curso geral dos acontecimentos políticos no país como um todo. Atualmente, os meios de comunicação social são o principal canal de informação sobre o trabalho das autoridades.

Atualmente, a utilização generalizada de tecnologias de manipulação da imagem, a atitude consciente das autoridades para enganar os povos de outro Estado e a manipulação cínica do sentimento público através dos meios de comunicação social são caraterísticas fundamentais dos processos políticos a nível global.

O trabalho de criação de imagens é efectuado propositadamente e por diversos meios em cada um dos canais de perceção: visual, verbal, de acontecimento e contextual:

- a dimensão visual forma a imagem externa: conformidade com as normas de vestuário profissional e oficial, acessórios, penteado, modo de comportamento, expressões faciais, gestos;

- na dimensão verbal - cultura de comunicação: discurso, discursos públicos, relatórios, entrevistas, artigos, correspondência comercial, capacidade de conduzir uma conversa ao telefone;

- a dimensão do acontecimento é o lado normativo e ético de um ato, de um comportamento, de uma atividade em geral, ou seja, estamos a falar da reputação de uma pessoa: a dinâmica da formação da imagem é determinada pela reputação do sujeito;

- A dimensão contextual é considerada como a junção das imagens de outras pessoas (familiares, amigos, ambiente), o que também influencia a reputação de uma pessoa e a imagem como um todo. Por conseguinte, no trabalho sobre a formação da imagem pessoal, a questão da reputação requer uma atenção especial.

A imagem de um líder é formada como resultado da comunicação entre o político e o público. A este respeito, existem duas propriedades importantes da liderança política:

- Para o público, o líder actua como uma imagem construída e, por conseguinte, pode ter quase todas as caraterísticas possíveis.

- Para um líder, a questão de saber quais as caraterísticas pessoais que determinam o seu desejo de se tornar um líder torna-se significativa. Os problemas tradicionais da psicologia da liderança passam para segundo plano: identificar a personalidade e os traços de cárácter, o tipo de personalidade necessário numa determinada situação.

Existem várias formas de manipular a informação:
- A distorção da informação vai desde a mentira pura e simples até às distorções parciais, como a falsificação de factos ou a mudança do campo semântico de um conceito, quando, por exemplo, a luta pelos direitos de uma minoria é apresentada como uma luta contra os interesses da maioria;
- a dissimulação é um dos principais grupos de métodos relacionados com a construção da imagem do líder a nível municipal na comunicação direta com as massas, ou seja, deve haver uma comunicação direta e de retorno com a população. A forma como a informação é apresentada desempenha muitas vezes um papel decisivo para que o conteúdo comunicado seja percepcionado da forma pretendida pelo emissor. Por exemplo, uma abundância de informação bruta e/ou não sistematizada "pode encher as ondas de rádio com fluxos de informação inútil, complicando ainda mais a já desesperada procura de significado por parte de um indivíduo". Do mesmo modo, a informação apresentada em pequenas porções não permite a sua utilização efectiva. Em ambos os casos, porém, a censura de ocultar certas informações é eliminada à partida.

Neste sentido, a manipulação da informação pode conduzir à atividade ou à passividade, consoante as necessidades do manipulador. Assim, uma imagem pode ser ativa ou passiva.

A atividade, de uma forma ou de outra, manifesta-se através de um comportamento adequado, a atividade. Não há atividade fora da atividade, mas nem toda a atividade é atividade. No entanto, é a atividade ativa que permite atingir os objectivos num tempo mais curto, identificar e eliminar atempadamente as deficiências existentes, resolver situações problemáticas. Ao mesmo tempo, a atividade excessiva está repleta de conflitos, confrontos abertos, violência física, etc.

A imagem passiva pode ser caracterizada pela ausência de feedback, ou seja, como uma gestão manipuladora. Estes métodos de gestão dos chefes das estruturas de poder, a atitude em relação a uma pessoa como forma de satisfazer os seus próprios interesses não só desorganizam a parte socialmente ativa da população, provocam desorganização psico-emocional e social, como também desorganizam a parte socialmente ativa da população.

tensões, mas também anulam a instituição do controlo social como prova da atividade social da população, da sua participação direta na governação estatal e municipal e do controlo civil sobre elas.

A manipulação manifesta-se como um impacto sobre a multidão, onde o efeito dos incentivos financeiros desempenha um papel importante, ou seja, a abstração da cognição teórica através da introdução de certas atitudes. Para conseguir o controlo sobre a multidão, o efeito de contaminação psicológica é utilizado como método de generalização emocional das pessoas, assim, para atrair a atenção das massas, para provocar o seu apoio vivo, não é necessário apelar a todos, é mais eficaz estabelecer um contacto verbal - não verbal com o núcleo sociocrítico, para o levar a ter uma atitude adequada em relação a si próprio.

§4.4 Diplomacia digital, meio de
introdução rápida
de mitos e valores na consciência das massas

A diplomacia pública está a tornar-se objetivamente um dos principais instrumentos da paleta sociopolítica mundial. A sua aplicação hábil, juntamente com a utilização competente de outros "recursos humanitários", dá por vezes a um Estado muito mais do que este pode reivindicar através de indicadores objectivos do seu poder político, económico e militar.

Os investigadores da diplomacia pública a este respeito salientam: "A política de formação de uma imagem positiva do Estado é implementada através de acções de informação, políticas, diplomáticas, culturais, de poder, económicas e outras do Estado e dos seus parceiros - organizações públicas, associações e cidadãos individuais do país. Estas acções são combinadas em campanhas de informação (operações), operações psicológicas de nível estratégico, operacional e tático.

Meios de comunicação de massas (meios de comunicação de massas) - publicidade, ou seja, ilimitada e sobre o círculo pessoal de consumidores; disponibilidade de dispositivos técnicos especiais, equipamento; interação indireta, separada no espaço e no tempo, dos parceiros de comunicação; interação unidirecional do comunicador para o destinatário, impossibilidade de mudar os seus papéis; natureza não permanente e dispersiva da sua audiência, que é formada de caso para caso como resultado da atenção geral dada a este ou àquele programa ou artigo.

Os meios de comunicação social não só criticam as deficiências da política e da sociedade, como também cumprem a função construtiva

140

de articular os vários interesses públicos, constituindo e integrando os actores políticos. Proporcionam aos representantes de vários grupos sociais a oportunidade de exprimirem publicamente as suas opiniões, de encontrarem e unirem pessoas que partilham as mesmas ideias, de as unirem através de objectivos e crenças comuns e de articularem e representarem claramente os seus interesses na opinião pública.

As funções dos meios de comunicação social servem, direta ou indiretamente, a função de mobilização. Esta função traduz-se na indução das pessoas a determinadas acções políticas (ou inação consciente), no seu envolvimento na política. Os meios de comunicação social têm grandes oportunidades de influenciar as mentes e os sentimentos das pessoas, a sua forma de pensar, os métodos e critérios de avaliação, o estilo e a motivação específica do comportamento político.

Nos Estados democráticos, prevalece claramente o modelo racional de comunicação de massas, destinado a persuadir as pessoas através de informações e argumentos construídos de acordo com as leis da lógica. Este modelo corresponde à mentalidade e à cultura política da população. Oferece uma concorrência entre os diferentes meios de comunicação social pela atenção e confiança do público. Nestes Estados, a utilização dos meios de comunicação social para incitar ao ódio e à hostilidade racial, nacional, de classe e religiosa é proibida por lei, mas mesmo nestes Estados, várias forças políticas utilizam amplamente métodos de influência predominantemente emocional para propagar as suas ideias e valores, o que é especialmente evidente durante as campanhas eleitorais.

A palavra viva e a imagem visual têm um grande poder de influência emocional sobre a personalidade, que pode muitas vezes ofuscar os argumentos e as argumentações racionais. Este facto é amplamente utilizado pelos regimes totalitários, autoritários e sobretudo etnográficos, saturando abundantemente a sua propaganda política com conteúdos emocionais que suprimem a razão humana. Neste caso, os meios de comunicação social utilizam largamente métodos de sugestão psicológica baseados no medo e na fé para incitar ao fanatismo, à desconfiança ou ao ódio contra adversários políticos, pessoas de outras nacionalidades e todos os indesejáveis.

Um dos meios mais importantes de influência política dos meios de comunicação social é a identificação de temas e áreas de debate que concentram a atenção do público e do governo. Normalmente, são os próprios meios de comunicação social que determinam o que deve e o que não deve ser apresentado ao público. A escolha de temas e reivindicações políticas é feita não só de acordo com as predilecções e interesses dos proprietários e gestores dos meios de comunicação social, mas também sob a influência de regras específicas que surgem nas condições do pluralismo da informação numa sociedade de mercado moderna. Nesta sociedade, o principal critério de sucesso dos media e a condição para a sobrevivência da maioria deles é a atenção do público. Para atrair essa atenção, os meios de comunicação social, por vezes sem sequer se aperceberem disso, orientam-se normalmente pelos seguintes princípios gerais na escolha dos temas das publicações e dos programas:

1. Prioridade, importância (real e imaginária) e atratividade do tema para os cidadãos. De acordo com este princípio, as notícias mais frequentes nos meios de comunicação social tratam de questões como, por exemplo, ameaças à paz e à segurança dos cidadãos, terrorismo, catástrofes ambientais e outras, etc.

2. Incomumidade dos factos. Isto significa que a informação sobre acontecimentos extremos - fome, guerras, crimes invulgarmente violentos, etc. - domina a cobertura da vida quotidiana. - dominam a cobertura da vida quotidiana. Isto explica, em particular, a tendência dos media para a informação negativa e o sensacionalismo.

3. Novidade dos factos. As notícias que ainda não são amplamente conhecidas podem atrair mais a atenção da população. Podem ser os dados mais recentes sobre os resultados do desenvolvimento económico ou o número de desempregados, sobre a fuga para outros planetas, sobre os novos partidos políticos e os seus líderes, etc.

4. Sucesso político. De acordo com este princípio, os programas e artigos incluem reportagens sobre os êxitos de líderes políticos, partidos ou Estados inteiros. É dada especial atenção aos vencedores de eleições ou de sondagens de opinião. O culto das estrelas da política, da arte e do desporto é um fenómeno típico dos meios de comunicação social numa sociedade de mercado.

5. Estatuto público elevado. Quanto mais elevado for o estatuto da fonte de informação, mais significativa é considerada uma entrevista ou um programa de televisão, uma vez que se parte do princípio de que a sua popularidade, tudo o resto constante, é diretamente proporcional ao estatuto social das pessoas que transmitem a informação. Em virtude desta regra, as pessoas que têm mais

facilidade em aceder aos meios de comunicação social são aquelas que ocupam as posições mais elevadas nas hierarquias políticas, militares, eclesiásticas ou outras: presidentes, chefes militares, ministros, etc. A elas são dadas as primeiras páginas dos jornais e as primeiras páginas dos jornais. As primeiras páginas dos jornais e os principais programas de rádio e televisão são-lhes dedicados.

O maior perigo para os cidadãos e para o sistema de Estado democrático é a utilização da SMI para a manipulação política - a gestão oculta da consciência política e do comportamento das pessoas, a fim de as forçar a agir (ou não agir) contra os seus próprios interesses. A manipulação baseia-se na mentira e no engano. Além disso, não se trata de uma "mentira para a salvação", mas de acções em benefício próprio. Sem uma luta adequada contra a manipulação, esta pode tornar-se a principal função dos meios de comunicação social e anular os princípios democráticos oficialmente proclamados pelo Estado.

Exigindo uma maior flexibilidade na política, a manipulação como método de gestão social tem uma série de vantagens para os seus sujeitos em comparação com os métodos de dominação económicos e de força. É realizada de forma invisível para os governados, não implica sacrifícios diretos e derramamento de sangue e não requer grandes despesas materiais, necessárias para subornar ou apaziguar numerosos adversários políticos.

A Rede Mundial de Informação (Internet) está a ser cada vez mais utilizada pelos participantes em conflitos armados e confrontos geopolíticos. Enquanto canal de comunicação, oferece uma vasta gama de oportunidades para influenciar a opinião pública, bem como a tomada de decisões políticas e económicas.

O conceito de "soft power" é cada vez mais utilizado, o que significa um conjunto de ferramentas e métodos para atingir objectivos de política externa sem recurso às armas - através da informação e de outras alavancas de influência não militares. Todos estes métodos são frequentemente utilizados para provocar manifestações extremistas, manipular a consciência pública e interferir na política interna de Estados soberanos.

A Doutrina de Operações de Informação do Exército dos EUA FM 3-13 descreve tácticas para operações ofensivas e defensivas em territórios estrangeiros.

De acordo com a diretiva DODD 3600 do Departamento de Defesa dos EUA, o Pentágono dá prioridade ao financiamento de programas de criação de sistemas automatizados de gestão de combate (ABCS), de comunicações, de inteligência, de informação e de navegação diretamente para os combatentes, cujos protótipos foram testados durante operações militares nos Balcãs, no Iraque e na Líbia.

Um lugar especial na "promoção da democracia" através de "revoluções coloridas" é ocupado pela formalmente independente Agência dos Estados Unidos para o Desenvolvimento Internacional (USAID), cujas actividades se centram na "disseminação da democracia" e na "consolidação de regimes democráticos no mundo". Para além da USAID, existem muitas organizações não governamentais (ONG) que acumulam fundos avultados atribuídos pelo Congresso e pelo Departamento de Estado dos EUA para criar postos avançados de influência americana em países estrangeiros.

Estas ONG incluem, entre outras, o National Democratic Institute, o International Republican Institute, a International Foundation for Electoral Systems, o Open Society Institute, a Freedom House e a George Soros Foundation. É através destas organizações que os golpes são financiados com a ajuda de uma extensa rede de corrupção, incluindo empresários, funcionários do governo e o corpo jornalístico "alternativo".

São várias as expressões utilizadas para designar a forma como as TIC influenciam as sociedades estrangeiras: diplomacia digital, diplomacia da Internet, diplomacia eletrónica, diplomacia dos meios de comunicação digitais, diplomacia das redes sociais, diplomacia do Twitter ou Twiplomacy, diplomacia pública Web 2.0. (Web 2.0. diplomacia pública, ciberparadiplomacia e outras.

A interação nas redes sociais pode ser dividida em três níveis: "tecnológico" (questões de desenvolvimento das próprias plataformas sociais), "cívico" (envolvimento e participação das pessoas nas redes sociais) e "político" (utilização das tecnologias e do ambiente para influenciar os participantes na interação digital). As redes sociais estão a tornar-se cada vez mais um alvo para a divulgação de informações políticas. A sua principal caraterística é que o diálogo é a principal forma de contacto com o público, com a possibilidade de feedback quase instantâneo.

Uma das caraterísticas mais importantes da diplomacia digital é a capacidade de influenciar diretamente os acontecimentos e as pessoas em países estrangeiros, contornando os filtros dos meios de comunicação social e, muitas vezes, estando mesmo fora dos limites do direito soberano e internacional. Isto permite-nos estabelecer as nossas próprias regras do jogo, alterar seriamente o quadro informativo e definir a agenda.

§4.5 Melhorar as relações inter-estatais
nos sítios profissionais de redes sociais

Atualmente, são sete os factores que têm maior impacto na configuração da situação mundial e na emergência de novos conflitos interestatais. Entre eles:

- A evolução demográfica, que significa que, até 2017, a população mundial aumentará em mais mil milhões de pessoas, o que, em alguns países, contribuirá para uma maior estabilidade e, noutros, pelo contrário, abalará a situação e criará novos conflitos;

- O estado dos recursos naturais e do ambiente natural - em primeiro lugar, o problema da produção alimentar e da disponibilidade de água potável no contexto das necessidades crescentes da população mundial continua por resolver e é particularmente grave;

- Com o desenvolvimento científico e tecnológico, as tecnologias da informação podem alterar significativamente o ciclo de produção e distribuição a uma escala que pode ser equiparada à da Revolução Industrial;

- A economia global e uma maior globalização da produção mundial e do mercado mundial podem levar a um nível excessivamente elevado de interdependência dos países, no qual a ameaça de desestabilização geral através de um determinado participante no sistema e as hipóteses de estabilização geral sob a influência de países desenvolvidos estáveis aumentam significativamente;

- Estruturas de governação dentro de cada país e a uma escala maior, nas quais se mantém o papel dos governos nacionais, sem ter em conta que há menos funções nas áreas da gestão da informação, transferência de tecnologia, controlo de doenças, controlo da migração da população;

- Os conflitos futuros, entre os quais os gerados por três tipos de razões, continuam a ser particularmente importantes: a vontade de explorar as vulnerabilidades de um país, nomeadamente dos Estados Unidos, para enfraquecer a sua posição internacional em caso de participação num conflito assimétrico; a ameaça permanente de um conflito com armas de destruição maciça; as contradições regionais, etc.

A base dos conflitos interestatais são as relações internacionais. As relações internacionais são um conjunto de laços e relações económicas, políticas, jurídicas, ideológicas, diplomáticas, militares, culturais e outras entre entidades que operam na cena mundial.

Do ponto de vista da teoria das relações internacionais, o conflito interestatal é um tipo de relações internacionais. Os sujeitos dos conflitos interestatais são coligações de Estados, Estados individuais, bem como partidos, organizações e movimentos que lutam para prevenir, pôr fim e resolver vários tipos de conflitos relacionados com a administração das funções de poder. De acordo com isto, definir os tipos de conflitos interestatais:

- Conflitos diretamente interestatais (ambas as partes são Estados);
- Guerras de libertação nacional (um dos lados é o Estado), anti-coloniais, guerras de nações, contra o racismo, contra os governos;
- Conflitos internos internacionalizados (um Estado é associado a uma das partes no território de outro Estado).

Os fundamentos da teoria do realismo político de G. Morgenthau reduzem-se a seis princípios (afirmações fundamentais) a partir dos quais todos os outros são evidentes. Estes incluem:

- O princípio da dependência dos fenómenos e processos reais na esfera da política, bem como da sociedade no seu todo, de leis objectivas profundamente enraizadas na natureza humana não mudou desde a antiguidade. Só é possível melhorar a sociedade e atuar no ambiente internacional se se compreenderem as suas leis, que não podem ser interpretadas à discrição, uma vez que a sua ação não depende da vontade do homem;
- O princípio da identificação do interesse e da força e, na política internacional, a harmonização forçada dos interesses entre Estados. A força é necessária a um Estado para a sua auto-preservação (ou seja, para manter o poder no seu próprio território), mas a sua acumulação leva ao estabelecimento do poder sobre outros Estados e povos;
- O princípio da instabilidade do interesse e da sua mutabilidade em função das circunstâncias e da situação específica. O poder, tal como o interesse, depende do ambiente e pode englobar tanto a violência física como a influência cultural, o que permite controlar o comportamento de outros Estados;
- O princípio da inaplicabilidade da moralidade, na sua aceção abstrata, às acções dos Estados nas relações internacionais. O critério da política externa e da moralidade na mesma é o resultado, que é

medido pelas consequências políticas;

- O princípio da não-identidade da moralidade de uma nação individual com leis morais universais, em que as políticas do governo se baseiam no respeito pelos interesses de outras nações, protege e realiza os interesses da sua nação e dá provas de moderação;

- O princípio da autonomia da política externa, bem como da política em geral, em relação a todas as esferas das relações internacionais. O realismo político reconhece a importância de todas as esferas da atividade social, mas vê-as através do prisma da política e das necessidades e interesses no processo da sua implementação.

Os investigadores da influência dos meios de comunicação social no comportamento eleitoral distinguem três modelos de resposta dos eleitores ao impacto dos meios de comunicação social:

1. Um modelo de sensibilidade máxima à informação em que as preferências eleitorais das audiências de um determinado meio de comunicação social estão diretamente relacionadas com a representação correspondente de um partido político ou de um político nesse meio de comunicação social.

2. Um modelo de sensibilidade mínima à informação, em que não existe ou não existe uma relação significativa entre as preferências dos eleitores e a informação dos meios de comunicação social.

3. Modelo de sensibilidade inversa, ou seja, a reação do público de um determinado meio de comunicação social é o inverso da apresentação do político nesse meio de comunicação social.

A análise da informação que circula nos meios de comunicação de massas oferece também outras oportunidades. Por exemplo, a análise de várias declarações de uma figura pública em termos do grau de flexibilidade ou rigidez da sua posição permite-nos determinar o "espaço" deixado para a manobra política. A comparação de dados sobre o equilíbrio de poder no espaço político em estudo pode servir de base para inferir se o político dispõe de recursos reais. Por outras palavras, permite responder às questões clássicas da ciência política: quem é, quem está com quem, quem está atrás de quem.

Neste capítulo:

- são apresentados métodos de criação de espaços virtuais de informação comunicativa das relações interestatais;

- Uma representação esquemática do processo de interação entre informação e comunicação;

- Considera-se a formação de estratégias de informação comunicativa para regular as relações interestatais;

- são apresentados os métodos e os meios de construção da imagem dos informadores e das suas estruturas organizacionais;

- a diplomacia digital como meio de introdução operacional na consciência das massas é fundamentada;

- são propostas abordagens sistémicas para melhorar as relações interestatais nas plataformas das redes sociais profissionais.

O problema da segurança da informação dos objectos económicos é multidimensional e necessita de ser aprofundado.

No mundo moderno, a informatização está a tornar-se um recurso nacional estratégico, um dos principais activos de um Estado economicamente desenvolvido. O rápido desenvolvimento da informatização no Usbequistão, a sua penetração em todas as esferas dos interesses vitais de um indivíduo, da sociedade e do Estado implicou, para além de vantagens indubitáveis, o aparecimento de uma série de problemas significativos. Um deles é a necessidade de proteger a informação. Dado que, atualmente, o potencial económico é cada vez mais determinado pelo nível de desenvolvimento da infraestrutura da informação, a vulnerabilidade potencial da economia aos impactos da informação está a aumentar proporcionalmente.

A concretização das ameaças à segurança da informação consiste na violação da confidencialidade, integridade e disponibilidade da informação. Do ponto de vista da abordagem sistémica da proteção da informação, é necessário utilizar todo o arsenal de meios de proteção disponíveis em todos os elementos estruturais do objeto económico e em todas as fases do ciclo tecnológico do processamento da informação. Os métodos e meios de proteção devem bloquear de forma fiável as formas possíveis de acesso não autorizado aos segredos protegidos. A eficiência da segurança da informação significa que o custo da sua implementação não deve ser superior às possíveis perdas decorrentes da concretização de ameaças à informação. O planeamento da segurança da informação é efectuado através do desenvolvimento de planos detalhados de proteção da informação por cada serviço. É necessária clareza no exercício dos poderes e direitos dos utilizadores para acederem a determinados tipos de informação, garantindo o controlo dos meios de proteção e a resposta imediata em caso de falha dos mesmos.

A motivação da investigação do autor desta monografia prende-se não só com o desejo de estudar os problemas de apoio jurídico ao desenvolvimento da sociedade da informação, que ainda não encontraram uma solução óptima e exigem a aplicação de abordagens modernas.

Ao mesmo tempo, é de notar que as questões teóricas da criação de uma sociedade da informação e do apoio jurídico à segurança da informação nacional não foram suficientemente estudadas. A determinação das direcções da provisão legal da segurança da informação nacional requer uma abordagem sistemática e avaliações legais, tendo em conta a elaboração com base na análise das peculiaridades das relações de informação relacionadas com a provisão da segurança da informação nacional, o impacto dos processos de globalização sobre elas.

A natureza multifacetada das relações de informação e a necessidade de as regulamentar exigem o desenvolvimento de um ato legislativo codificado, bem como um projeto de quadro para garantir a segurança nacional da informação.

LITERATURA UTILIZADA

1. Popov V.D. Informatsiologiya i informatsionnaya politika. - M.: TRAPOS, 2005. - 120 c.
2. Voronov, K. V. Global intersystem: Evolution, structure, prospects / K. V. Voronov // Economia Mundial e Relações Internacionais. - 2007. -№ 1. - C. 18-19.
3. Busygina, I. M. Regionologia política / I. M. Busygina - M., 2006.
4. Akhmetyanova A.I., Kuznetsova A.R. PROBLEMAS DE SEGURANÇA DA INFORMAÇÃO NA RÚSSIA E NAS SUAS REGIÕES // Investigação fundamental. - 2016. - № 8-1. - C. 82-86;
5. Andreev O.O. Critically Important Objects and Cyberterrorism (Objectos de importância crítica e ciberterrorismo). Parte 1: System Approach to Organisation of Counteraction [editado por V.A. Vasenin]. - M.: MCNM, 2008. - 398 c.
6. Babash, A.V. Segurança da informação (+ CD-ROM) / A.V. Babash, E.K. Baranova, Y.N. Melnikov. - Moscovo: Knorus, 2013. - 136 c.
7. Segurança da Rússia. Aspectos jurídicos, sócio-económicos e técnico-científicos. Fundamentos da segurança informacional-psicológica: monografia. - Moscovo: Fundação Humanitária Internacional "Znanie", 2014. - 416 c.
8. Vasilkov, A.V. Segurança e controlo de acesso em sistemas de informação / A.V. Vasilkov, I.A. Vasilkov. - Moscovo: Fórum, 2015. - 368 c.
9. Gafner, V.V. Segurança da informação / V.V. Gafner. Gafner. - Moscovo: Phoenix, 2014. - 336 c.
10. Devyanin, P.N. Security analysis of access control and information flows in computer systems / P.N. Devyanin. - Moscovo: Rádio e Comunicações, 2013. - 176 c.
11. Segurança da informação dos sistemas abertos. Em 2 volumes. Volume 1. Ameaças, vulnerabilidades, ataques e abordagens de defesa / S.V. Zapechnikov et al. - Moscovo: Mashinostroenie, 2016. - 536 c.
12. Salaya, L.K. Inglês para especialistas no domínio da segurança da informação / L.K. Salaya, A.K. Shilov, Y.A. Koroleva. - Moscovo: Helios ARV, 2016. - 208 c.
13. Fedorov, A.V. Segurança da informação no processo político global / A.V. Fedorov. - Moscovo: MGIMO-Universidade, 2017. - 220 c.
14. Mukhtarov F.M. "Diplomacia digital - um fator determinante na

formação das relações internacionais". "Ta'ilim va ilmiy tadkikotlar samaradorligini oshirishda zamonaviy akhborot-communication tekhnologii larining urni" mavzusidagi Respublika ilmiy-amaliy anjumani materiallari tuplami. Muhammad al-Khorazmiy nomidagi TATU ^arshi filiali. 2017 yil 5-6 may, 127-131 betlar.

15. Mukhtarov F.M., Shklyarovsky B.A.. "Pré-requisitos para garantir a confidencialidade dos recursos de informação no governo eletrónico", Coleção de relatórios da Conferência Científica e Técnica Republicana "A importância das tecnologias de informação e comunicação no desenvolvimento inovador de sectores reais da economia" parte 1 , Tashkent, 6-7 de abril de 2017, TUIT, 23-25 pp.

16. Yakubov M.S., Mukhtarov F.M.. "Diplomacia digital - um fator prioritário na formação das relações interestatais", Conferência Internacional Científica e Prática "Perspetiva euro-asiática: problemas dos complexos sectoriais e suas soluções", Moscovo, 18 de junho de 2017. , Infinity Publishing House, 119-122 pp.

17. Mukhtarov F.M., Tashmukhamedova D.K. "Assegurar a confidencialidade dos recursos de informação na administração pública eletrónica", Fergha- na Scientific and Technical Journal, Fergha- na, 2018. 22-volume n.º 1, 216-218 pp.

18. Mukhtarov F.M. "Network-centric approach of ensuring national security of the state in social networks", "Modern modification in the national education: theoretical and practical science", Coleção artigos científicos internacionais, Volume III, p. 14-19, Mosscow janeiro 2018 y.

19. Mukhtarov F.M. "Significância dos recursos de informação na formação das relações internacionais", "Modificação moderna na educação nacional: ciência teórica e prática", Coleção artigos científicos internacionais, Volume III, p. 19-26, Mosscow, janeiro 2018 y.

20. Mukhtarov F.M. "Information technologies as a priority fator in the formation of the strategy of interstate vennykh relations", "International conference on importance ofinformation-communication technologies ininnovative development of sectors of economy", Proceedings of the international scientific-practical and spiritual-educational conference dedicated to the 1235th anniversary of Muhammad al-Khwarizmi, p. 440-444, Tashkent, April 5 - 6, 2018 y.

21. Mukhtarov F.M. "Multistage processes of information resources

formation", Conferência Científica e Técnica Internacional "Perspective information technologies", Coleção de artigos científicos, Samara 14-16 de abril de 2018, pp. 306-315. 306-315.

22. Mukhtarov F.M. "Information technology priority fator in the formation of the strategy of interstate relations", International Scientific and Technical Conference "Perspective information technologies", Collection of scientific papers, Samara 14-16 April 2018, pp. 315-319.

23. Mukhtarov F.M. "Abordagens conceptuais para melhorar a legislação nacional no domínio da segurança da informação", Worldsocialscience, revista científica - prática №1, pp. 64-69, 2018 y..

24. Mukhtarov F.M. "Methods of protection of national security from external and internal information threats", Toshkent, TATU "Muhammad al-Khorazmiy avlodlari" ilmiy amaliy va ahborot tahliliy journal 2017 y. No. 2-son, 18-24 betlar.

25. Mukhtarov F.M. "Regulação da estratégia das relações interestatais com base na diplomacia digital" "Akhbo-rot - communication tekhnologiyalarining rivozhlanish istik bollari" mavzusidagi Respublika ilmiy-amaliy anjuman ma'uruzalari tuplami. Karshi sh., Muhammad al-Khorazmiy nomidagi TATU ^arshi filiali, 2018 yil 20-21 april 918-921 betlar.

26. Mukhtarov F.M. "Algoritmos para regular a estratégia das relações interestatais com base na diplomacia digital" "Informatika, akhborot tekhnologiyalari va boshkaruv tizi-mi: bugun va kelajakda" mavzusidagi Respublika ilmiy-amaliy conference materialari tuplami 2-kism, Navoi sh., Navoi davlat pedagogika instituti, 2018 yil 20 April 118-122 betlar.

27. Mukhtarov Farrukh Muhammadovich "Um modelo concetual de segurança da informação nas relações internacionais" Conferência Internacional "Investigação científica dos países da SCO: sinergia e integração" 26 de abril de 2018. Universidade Minzu da China, Pequim, RPCp.145-151.

28. Mukhtarov F.M. "Methods of realisation of information resources in information society", revista científica e técnica "Infocommunications: Networks - Technologies - Solutions", Tashkent 2018. 45-volume n.º 1, pp. 55-61.

29. Mukhtarov F.M. "Garantir a segurança dos segredos de Estado no ambiente informático" Boletim da Universidade Técnica Estatal de Tashkent n.º 1, Tashkent. 2018, pp. 40-45.

30. Mukhtarov F.M. "Selection of priority factors of the concetual model of state information security" International journal of innovative technologiesinso- cialscience. 4(8)Volume 3, p. 89-94, VarsóviaPolónia, junho de 2018 y.

31. Mukhtarov F.M. A seleção dos factores prioritários do modelo concetual do estado da segurança da informação// IJARSET: Revista Internacional de Investigação Avançada em Ciência, Engenharia e Tecnologia. Volume: 05 Edição: 06 junho-2018, Índia (#05) Fator de Impacto Global, IF=4.346.

32. Mukhtarov F.M. "Davlat boshkaruv idoralari ahborot resurslarari confidentialalligini ta'minlashning hukukiy asoslarari", Fargona sh., FarPi ilmiy-tehnika journal, 2018 yil 24-volume No. 3-son 216-218 betlar.

33. Mukhtarov F.M. "Basic principles of ensuring national information security", Fargona sh., FarPI ilmiy -tehnika journala, 2018 yil 24-volume #3-son 216218 betlar.

34. "Akhborot havfsizligiga tahdidlar" - Idoraviy Journal 2011 yil.

35. "Auditoria de segurança da informação numa rede informática" - Jornal Departamental 2012.

36. "Uzbequistão Respublika Respublika Respublika Respublika Respublika Respublika Republica" - Idoraviy Journal 2014.

37. "Guerra de informação" - Jornal Departamental. 2015.

38. "Akhborot havfsizligini ta'minlashning siyosiy masalalalari" - Idoraviy Journal. 2016 yil.

39. "Akhborot havfsizligini ta'minlash - akhborot asreening dolzarb mu'ammosi" - Idoravi Journal. 2016 yil.

40. "E-postada ahborotlarga nisbatan mavjud havf- khatarlarlar va ulardan ^imoyalanish asoslari" - Idoraviy Journal. 2017 yil.

41. "Sobre as acções dos trabalhadores que levam à posse indevida de informações confidenciais" - Jornal Departamental. 2018 г.

42. "Garantir a confidencialidade dos recursos de informação da administração pública eletrónica"- Jornal Departamental. 2018 г.

43. Krivoukhov A.A. Information security as a measure to ensure national security of Russia // State and Society: yesterday, today, tomorrow. Série: Direito. 2013. №9 (3). C. 105-112.

44. Markov A. Processes of formation of information security of society (Processos de formação da segurança da informação da sociedade). - Moscovo: LAP Lambert Academic Publishing, 2011. - 532 c.

45. Arsenyan A.Z. Segurança nacional e internacional: conceito, peculiaridades, bases jurídicas de garantia // Jurisprudência. - M.; Izd-vo RGGU, 2003. - № 3. - c.7-17.

Anexo 1

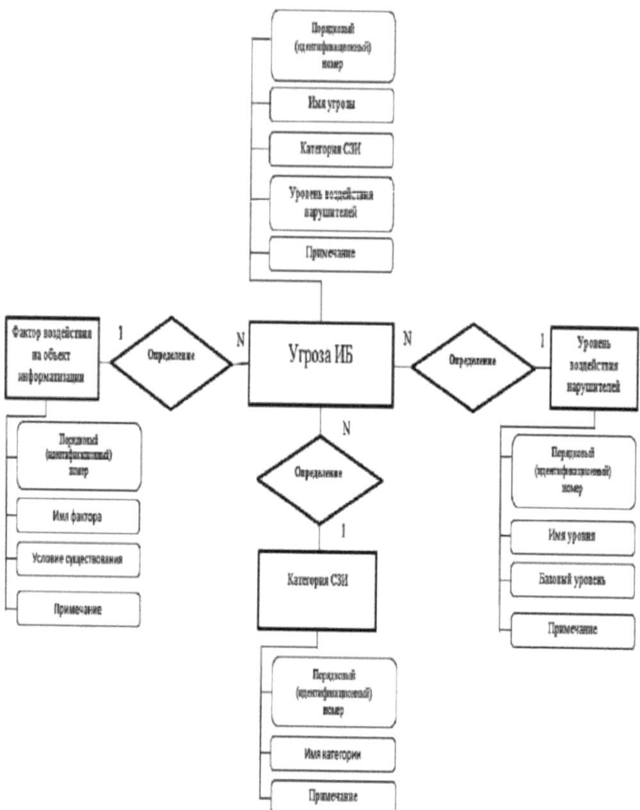

Modelo ER da base de dados de modelos de ameaças na notação de Chen.

Anexo 2

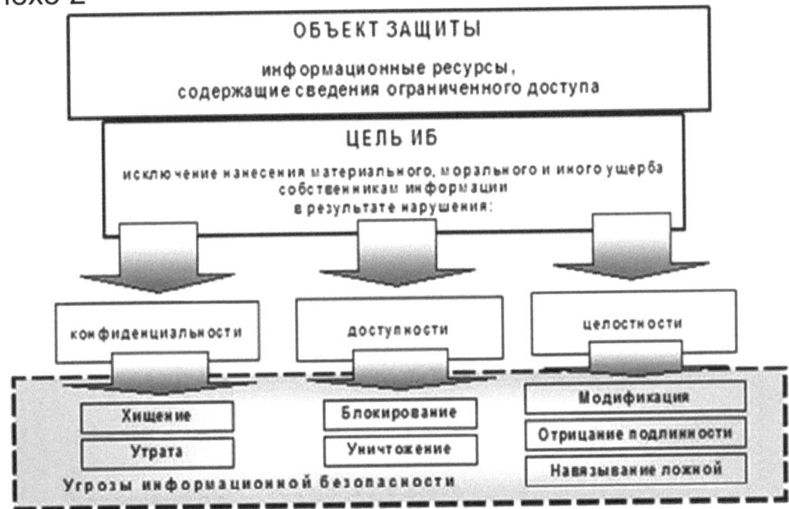

Objectivos e ameaças à segurança da informação.

Anexo 3

Todas as fontes de ameaça podem ser categorizadas em classes com base no tipo de transportadora, divididas em grupos com base na localização.

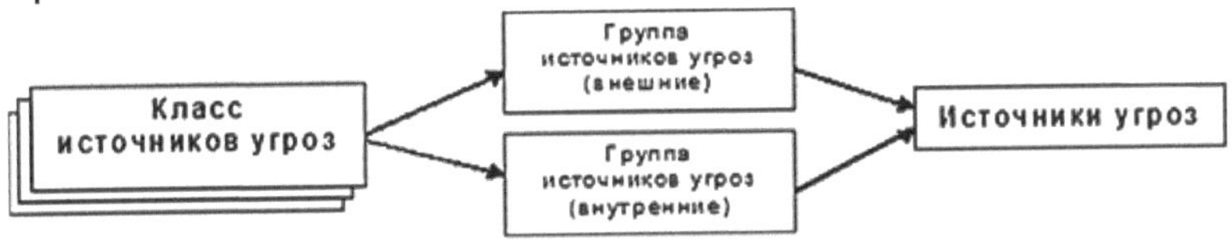

Estrutura da classificação "Fontes de Ameaças"

Anexo 4

As vulnerabilidades também podem ser classificadas em classes com base na origem da vulnerabilidade, classes com base em grupos e subgrupos com base em manifestações.

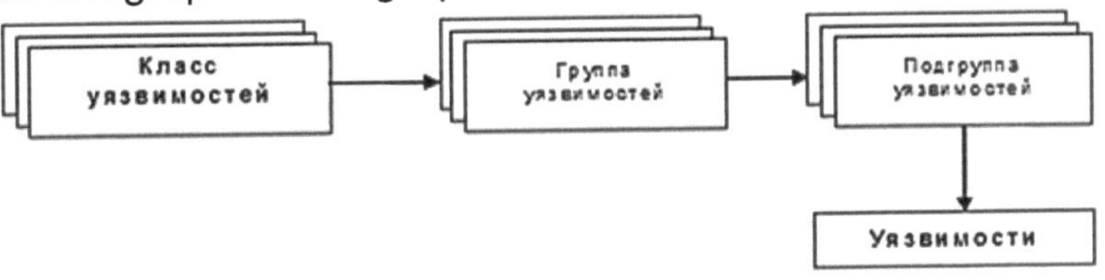

Estrutura de classificação das vulnerabilidades

Anexo 5

Os métodos de implementação podem ser divididos em grupos de acordo com a forma como são implementados.

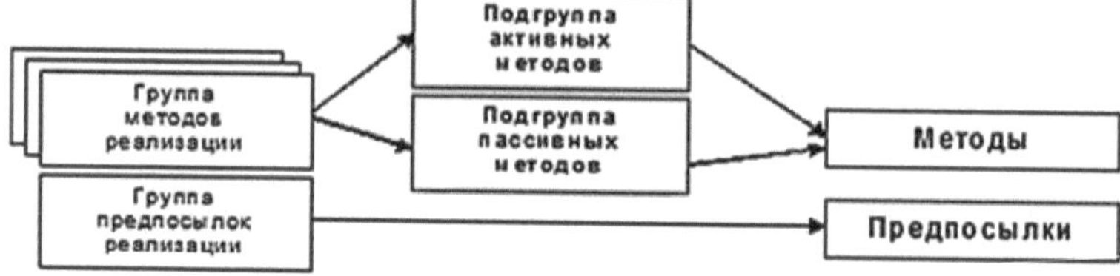

Estrutura da classificação "Métodos de aplicação"